W0342363

Quitter son job et négocier son départ

Éditions Eyrolles
61, bd Saint-Germain
75005 Paris
www.editions-eyrolles.com

Depuis 1925, les Éditions Eyrolles s'engagent en proposant des livres pour comprendre le monde, transmettre les savoirs et cultiver ses passions ! Pour continuer à accompagner toutes les générations à venir, nous travaillons de manière responsable, dans le respect de l'environnement. Nos imprimeurs sont ainsi choisis avec la plus grande attention, afin que nos ouvrages soient imprimés sur du papier issu de forêts gérées durablement. Nous veillons également à limiter le transport en privilégiant des imprimeurs locaux. Ainsi, 89 % de nos impressions se font en Europe, dont plus de la moitié en France.

En application de la loi du 11 mars 1957, il est interdit de reproduire intégralement ou partiellement le présent ouvrage, sur quelque support que ce soit, sans l'autorisation de l'éditeur ou du Centre français d'exploitation du droit de copie, 20, rue des Grands-Augustins, 75006 Paris.

© Éditions Eyrolles, 2025

ISBN : 978-2-416-02012-4

Valérie Duez-Ruff

Préface d'Hervé Bommelaer

Quitter son job et négocier son départ

Éditions
EYROLLES

SOMMAIRE

PARTIE 3 : L'ABOUTISSEMENT

À mes fils, dont l'adolescence éprouve mes compétences en négociation, mais dont la sagesse et l'intelligence émotionnelle m'impressionnent et m'émeuvent.

À Pierre, partenaire de chaque instant et surtout de kif, qui illumine ma vie.

PRÉFACE

Au cours de mes vingt années d'expérience en tant qu'accompagnateur de cadres dirigeants dans leur transition professionnelle, une vérité s'est imposée avec force : la négociation de départ constitue un moment charnière, trop souvent négligé. Habituellement perçue comme une fin douloureuse, cette étape doit pourtant représenter le point de départ d'un renouveau, tant professionnel que personnel. Cela ne doit pas être une sortie ratée ou en catimini, mais bien un franc rebond et l'ouverture d'un nouveau chapitre de son parcours professionnel !

La manière dont un salarié quitte une entreprise n'est pas anodine. En effet, un départ mal préparé ou mal négocié laisse des traces profondes, parfois invisibles, mais bien présentes : des cicatrices émotionnelles qui freinent la capacité à se projeter dans l'avenir, à activer son réseau ou même à envisager sereinement la prochaine étape. Ces plaies impactent non seulement la disponibilité mentale, mais aussi la réputation professionnelle. Et dans un monde ACID (Anarchique, Chaotique, Incertain, Disruptif) où le capital social est essentiel, ces blessures émotionnelles rendent le rebond plus difficile et plus complexe.

À l'inverse, une sortie anticipée, soigneusement préparée, constitue le socle sur lequel bâtir un nouveau projet de vie. Si la rupture est négociée dans le respect, la transparence et la clarté, elle devient un tremplin. Ce livre le montre parfaitement : la négociation de départ ne doit jamais être perçue comme une simple transaction ou une formalité administrative. Elle est bien plus que cela. C'est la première pierre d'un futur à construire, un pont vers un avenir professionnel plus aligné avec ses aspirations.

Pour Valérie et moi-même, notre rôle est de guider nos clients vers un renouveau réussi. Chaque transition professionnelle constitue une traversée, un passage d'une rive à une autre, un voyage en pays inconnu. Une telle aventure nécessite un ou plusieurs guides capables de montrer le chemin et de fournir la bonne stratégie ainsi que les bons outils.

Ce livre en est le parfait compagnon de route : il vous fournira les clés pour anticiper, préparer et négocier ce passage, mais surtout pour rebondir de manière plus forte, plus confiante.

Comme le dit Oscar Wilde : « Le meilleur moyen de réaliser ses rêves, c'est de se réveiller. » Négocier son départ, c'est choisir de se réveiller, de reprendre les rênes de sa carrière, de transformer une rupture en une opportunité. Mais attention, cela ne signifie pas que tout sera simple. La route peut être semée d'embûches, de doutes, d'anxiété. Toutefois, avec une bonne préparation, ces obstacles deviennent des défis surmontables.

Cet ouvrage vous guidera, étape par étape, de l'analyse de votre situation actuelle à la négociation de votre départ, en passant par la construction de votre nouveau projet professionnel. Vous y trouverez des conseils pratiques, des outils concrets et des stratégies éprouvées pour faire de ce moment de rupture une chance unique de rebondir.

Il est temps de ne plus subir, mais d'agir. Prenez les rênes de votre avenir, transformez cette rupture en tremplin et faites de votre rebond une réussite éclatante. Alors, préparez-vous, mettez toutes les chances de votre côté, et laissez ce livre vous accompagner vers ce renouveau que vous méritez.

Hervé Bommelaer

INTRODUCTION

« *Si on travaille pour gagner sa vie, pourquoi se tuer au travail ?* »

Tuco, alias Le Truand dans le film western spaghetti des années 1960, *Le Bon, La Brute et le Truand.*

Si vous lisez ce livre, c'est que vous vous sentez concerné. Votre job ne vous apporte pas ce que vous espérez, voire vous êtes en souffrance, bref, ça ne va pas.

Vous vivez alors ce que j'appelle une situation de « maljob ».

Le maljob est un travail qui pourrait convenir à une autre personne, mais qui s'avère néfaste pour vous. Il vous alimente, mais ne vous nourrit pas. Le maljob englobe des situations allant du simple désalignement aux environnements de travail toxiques comme le harcèlement, la discrimination, le manque de soutien ou les pratiques abusives.

Tout comme la malbouffe peut avoir des conséquences néfastes sur la santé physique, le maljob peut dégrader la santé mentale et émotionnelle d'un individu, avec stress chronique, burn-out, dépression, maladies somatiques ou d'origine professionnelle (problèmes cardiaques, de dos…).

Les situations de maljob se sont multipliées au cours de ces dernières décennies, particulièrement après le Covid[1]. Les quelques initiatives

1. « La santé mentale des salariés ne cesse de se dégrader depuis la crise sanitaire. C'est le résultat du 12e baromètre du cabinet Empreinte Humaine avec OpinionWay. En augmentation de 4 points par rapport à février 2023, la détresse psychologique touche désormais 48 % des salariés, dont 17 % de manière très élevée », *Les Échos*, 23 novembre 2023.

prises sous la bannière de la « Qualité de Vie au Travail » (QVT) me semblent souvent davantage relever de la cosmétique que de démarches sincères de changement et de prise en compte de l'intérêt des salariés par les employeurs.

Comme nous pouvons changer uniquement ce qui se trouve entre nos mains, ce qui nous appartient, je vous propose de vous donner le pouvoir, les clés pour créer votre propre QVT.

« Votre travail va remplir une grande partie de votre vie, et la seule façon d'être vraiment satisfait est de faire ce que vous croyez être un excellent travail. Et la seule façon de faire un excellent travail est d'aimer ce que vous faites. Si vous n'avez pas trouvé, continuez à chercher, ne vous arrêtez pas. Comme tout ce qui touche au cœur, vous saurez quand vous l'aurez trouvé », Steve Jobs.

Tel est l'objectif et la finalité de ce livre : utiliser la négociation pour vous permettre de trouver un job qui vous nourrisse pleinement. Pour y parvenir, j'ai besoin de vous et de votre participation active. Alors, je vous invite à noter chacune de vos réponses dans un carnet.

Par expérience, encrer notre ressenti aide à nous ancrer dans la réalité. Cela nous permet de nous y référer tout au long de la préparation, puis une fois le résultat obtenu, de réaliser le chemin parcouru. Ce n'est pas du temps perdu, c'est du temps que vous investissez sur vous et pour vous !

Ne vous contentez pas de répondre mentalement. Libérez votre cerveau de ces informations pour laisser de la place à toutes les connaissances que vous allez acquérir par la lecture de ce livre. Parfois, selon votre type de mémoire, voir votre réponse par écrit peut éveiller d'autres éléments dans votre esprit. J'ai déjà constaté la magie de l'écriture, alors laissez-vous guider !

Faites-moi confiance, j'ai l'habitude, cela fait maintenant vingt ans que j'accompagne mes clients, en les aidant à traverser le fleuve plus ou moins profond et tumultueux de leur transition professionnelle, les guidant d'une rive à une autre, telle une passeuse.

Voici une dernière citation qui reflète ma vision de ces moments difficiles pour vous et que je veux que vous gardiez à l'esprit tout au long de votre processus de changement : « Le chaos est rempli d'une infinité de possibilités créatives. C'est au milieu du désordre que la lumière jaillit, que les formes naissent et que l'imagination trouve son souffle », Hermann Hesse dans *Narcisse et Goldmund.*

PARTIE I

La préparation

Cette partie est fondamentale. Au même titre que les fondations d'une maison, cette étape déterminera la suite. Si vous la négligez, les murs ne tiendront pas et la toiture finira par s'effondrer, vous laissant sans protection.

Plus vous serez préparé, plus solide sera votre construction.

La préparation, c'est 80 % de la réussite de la négociation

Cela se reflète dans la méthode que j'ai mis vingt ans à formaliser, composée de cinq phases :

- **la dépose**[2], avec des questions, beaucoup ! Vous lirez beaucoup de questions dans cet ouvrage. Cette phase vous permet de déposer toutes vos inquiétudes, contraintes et attentes et ainsi de relâcher tout le négatif ;
- **la montée en énergie haute.** En mettant en place des décisions et des actions, vous cessez de subir la situation, vous reprenez le pouvoir et retrouvez de l'énergie ;
- **la négociation ;**
- **la formalisation** par la rédaction de l'accord ;
- et enfin **le rebond.** L'étape la plus importante, celle qui appartient totalement au client, mais qui dépend tellement de la façon dont les quatre précédentes ont été gérées.

D'abord des interrogations donc, puis des informations de plus en plus concrètes et pragmatiques pour vous permettre d'avancer de façon sereine.

Pour commencer notre travail, je vous pose une question essentielle.

---

2. Le terme « dépose » est utilisé dans le domaine de la psychothérapie et se réfère à la dépose de pensées ou de croyances, de charges émotionnelles et de symptômes.

CHAPITRE 1

Comment vous sentez-vous ?

Répondre à cette question n'est pas aussi simple qu'il y paraît. En effet, la question de savoir comment vous vous sentez implique de creuser et de vous demander « Comment je me sens ? », voire « Comment je me ressens ? ».

La première réponse qui vient est souvent : « fatigué », « débordé ». C'est la plus facile à identifier (et notre lot commun malheureusement !). Pris par le flot du quotidien, il est souvent difficile de sortir la tête de l'eau pour avoir une vision objective de notre situation et surtout pour prendre du recul. Les urgences permanentes, au travail et à la maison, nous emportent dans une course perpétuelle : tout est urgent et important.

Tout, sauf nous.

Nous ne disposons même plus de l'espace mental ni matériel pour nous arrêter et prendre le temps de réfléchir à la façon dont nous nous sentons. C'est pourquoi, aujourd'hui, vous allez commencer par poser ce livre quelques instants et vous interroger, en allant au-delà de la première réponse spontanée.

Dans le détail, que ressentez-vous ? Vraiment. Une fois que vous aurez répondu à cette question, vous pourrez poursuivre la lecture du chapitre et répondre aux autres interrogations.

Êtes-vous aligné ?

Peut-être que cette question vous semble un peu obscure ou confuse. Si vous visualisez une ligne, vous n'êtes pas très éloigné, vous n'êtes pas très loin de son sens.

Qu'est-ce qu'être aligné ?

L'alignement, c'est lorsque nos actions, nos valeurs et nos aspirations sont en harmonie, quand nous nous sentons en phase avec ce que nous faisons et avec ce que nous sommes profondément. Comme si une ligne verticale reliait notre être, de la tête aux pieds. Cette notion se rapproche de celle de cohérence ou encore de congruence.

Être aligné signifie donc aussi, nécessairement, être en pleine cohérence (physique, émotionnelle et mentale) avec son activité professionnelle.

Pour cela, notre travail doit impérativement :

- respecter nos valeurs, notre système de croyances ;
- contribuer à l'accomplissement de notre objectif de vie.

Certains vont plus loin, comme Mihály Csíkszentmihályi, psychologue hongrois, qui a défini en 1975 sa théorie de l'état du flux (*flow* en anglais). Il décrit le flux comme un état mental grâce auquel une personne se retrouve complètement absorbée par une activité au point de perdre la notion du temps et de l'espace. Il parle même d'« expérience optimale » ou d'« expérience extatique », qui se caractérise par un profond engagement, un sentiment de contrôle et un sentiment de gratification intrinsèque.

Il s'est appuyé sur le célèbre psychiatre et psychothérapeute suisse Carl Gustav Jung. Selon lui, la « néguentropie psychique » est le processus par lequel une personne intègre les aspects conscients et inconscients de sa psyché pour atteindre un état d'équilibre psychologique et de plénitude.

Nous pouvons en retenir que plus nous sommes alignés, dans notre travail en l'occurrence, plus nous ressentons du plaisir à y consacrer du temps et de l'énergie.

Soyons honnêtes, rares sont ceux qui peuvent prétendre que leur métier génère au quotidien une expérience extatique ! Restons donc humblement sur l'alignement et revenons à notre question initiale.

Comment vous sentez-vous ?

La question la plus puissante et la plus efficace pour savoir si vous êtes aligné est : « Est-ce que, quand je pense à mon emploi actuel, je ressens de la joie, de l'énergie ou, au contraire, de l'angoisse, avec le sentiment d'être débordé, submergé, fatigué à sa simple évocation ? »

Vous pouvez ensuite approfondir en vous posant les questions suivantes : « Est-ce que mon emploi actuel est en adéquation avec mes valeurs, ma manière de faire, d'être ? Est-ce que je m'y retrouve ? Exercer cet emploi me rend-il fier ? »

Il est évident que si vous répondez non à l'une des questions, alors cela indique que vous ne ressentez pas d'énergie positive dans l'exercice de votre emploi actuel. C'est pourquoi la première interrogation, celle de savoir si votre emploi actuel vous inspire de la joie ou de l'angoisse, est si pertinente.

En résumé, **être aligné signifie être en phase avec ce qu'on fait, la façon dont on le fait et pourquoi on le fait.** Par exemple, si vous avez des valeurs centrées sur la créativité et l'innovation, mais que vous travaillez dans un environnement rigide et bureaucratique qui limite votre capacité à vous exprimer et à innover, vous allez assez rapidement vous sentir désaligné.

De même, si vous aspirez à établir un équilibre entre vie professionnelle et vie personnelle, mais que vous vous retrouvez constamment submergé par des exigences professionnelles débordantes, vous ressentirez également un désalignement.

Se sentir désaligné peut aussi venir d'une absence de perspectives en interne, que ce soit en termes de promotion, de mobilité, ou d'évolution. Une rémunération qui n'est pas à la hauteur de vos aspirations ou de vos besoins explique aussi le sentiment d'être désaligné. Cela se traduit par l'impression d'être en situation de blocage, de ne pas être reconnu à votre juste valeur, ce qui crée de la frustration. Si vous ressentez un tel désalignement, soit spontanément, soit à la lecture de ces quelques lignes, vous en subissez forcément les symptômes.

Les symptômes et les conséquences du désalignement

Si nous accordons autant d'importance à la qualité de vie au travail, c'est qu'elle présente des conséquences réelles sur notre état de santé psychique et physique.

Une enquête récente[3] a révélé que les indicateurs de santé au travail se dégradent. Selon 74 % des salariés, leur métier peut avoir des conséquences négatives sur leur état psychique, tandis que 55 % estiment que le travail peut affecter leur santé physique. Parmi les raisons invoquées : situations de stress fréquentes et charges de travail trop importantes, manque de reconnaissance et rémunération insuffisante et, pour les trois quarts des personnes interrogées, la stratégie des entreprises qui s'oppose à leur bien-être. Cette étude a identifié qu'un important risque professionnel se trouve dans le décalage entre le travail prescrit (par l'employeur) et le travail perçu (par le salarié).

La qualité de vie au travail est d'autant plus importante que le temps que nous y passons représente environ la moitié du temps éveillé. Dès lors que le temps de travail excède huit heures par jour, il devient prépondérant. En clair, nous vivons plus au travail qu'à la maison. Nous devons donc prendre soin de notre santé au travail.

---

3. « Observatoire Absentéisme et Performance Sociale 2024 », enquête croisée de Diot-Siaci et de l'Ifop, du 8 avril 2024.

Les symptômes du désalignement

La perspective de se rendre au travail peut engendrer un manque de motivation, une apathie grandissante ou même une frustration constante, accompagnés d'un sentiment d'épuisement émotionnel et physique faisant de chaque journée un fardeau insurmontable.

Se sentir en décalage avec sa nature profonde ou les valeurs de l'entreprise augmente le niveau de stress, favorise l'anxiété, réduit l'estime de soi et dégrade le métabolisme (mauvaise digestion et troubles du sommeil).

Le premier signal qui doit alerter est la baisse de l'estime de soi. Nous comprenons souvent mal combien elle est fragile. Quand le doute de soi s'installe, il atteint tout le domaine professionnel (notre travail, notre capacité à remplir nos objectifs), mais aussi le domaine personnel (notre capacité à être bon partenaire de vie, bon parent...).

Car l'estime de soi, à l'instar de la santé et de la vie, est unique. Donc ce qui advient dans notre vie professionnelle affecte notre vie personnelle, et inversement. Le doute, insidieux et permanent, que nous devons constamment surmonter pour donner le change et continuer de remplir nos missions, consomme une énergie considérable. Le stress s'en trouve accru et vient perturber notre capacité à réaliser telle ou telle tâche si nous ne nous sentons pas à la hauteur. La concentration baisse tandis que l'irritation et la nervosité augmentent.

Résultat, le sommeil est dégradé : l'endormissement se fait attendre, les réveils nocturnes deviennent fréquents, avec l'apparition d'insomnies elles-mêmes assorties de pensées tournant en boucle. Résultat bis, on se réveille fatigué...

L'appétit est aussi altéré : soit l'estomac est noué, soit nous mangeons plus que d'habitude puisque nous avalons nos émotions. Parfois, de petites douleurs physiques arrivent : un blocage au niveau du dos (le lien avec l'expression « en avoir plein le dos » n'est évidemment pas un hasard), un genou qui fait souffrir, ou une légère arythmie cardiaque.

Les conséquences du désalignement

Les conséquences physiologiques ou pathologiques varient selon la gravité du désalignement. Les symptômes initiaux s'aggravent : perte d'appétit et de poids ou au contraire boulimie et prise de poids, dépression, agressivité, sautes d'humeur, baisse ou perte de l'estime de soi, etc. À leur tour, ces symptômes créent ou aggravent des conflits au sein de votre environnement de travail, affectif et/ou familial ou pire encore, des trois.

Malgré tous ces signaux, que nous voyons, mais que nous ne voulons pas entendre et encore moins admettre, nous continuons de travailler. En effet, nous voulons croire que nous pouvons encore tenir, nous nous imposons de tenir. Traduit en langage automasochiste mental, c'est plutôt : « Je peux, je dois tenir ! », jusqu'à ce qu'un jour, le corps nous lâche et nous oblige à céder à notre tour : burn-out ou pire, cancer, etc.

L'immense astrophysicien américain Stephen Hawking, expert en matière de corps qui lâche[4], a constaté que « le désordre est le résultat inévitable d'un déséquilibre ». Ainsi, un déséquilibre provoqué par votre désalignement entraîne un désordre dans votre vie, avec des conséquences plus ou moins graves.

Comment en êtes-vous arrivé là ?

Pourquoi est-ce si difficile d'arrêter cette spirale infernale ? La réponse est multiple.

L'aspect matériel

Les factures du quotidien et le train de vie sont vécus comme autant de contraintes absolues qui rendent la perspective d'un changement bien trop risquée. Cette problématique touche toutes les catégories

4. Il fut atteint de sclérose latérale amyotrophique (SLA) qui l'a laissé paralysé.

socioprofessionnelles, même les cadres dirigeants dont les charges sont en corrélation avec leurs revenus. Ils se sentent dans l'impossibilité de réduire la voilure et se maintiennent à des fonctions qui les épuisent.

La perspective d'un autre poste peut aussi nécessiter un déménagement, avec les coûts que cela occasionne et la gêne pour le conjoint et son emploi, ainsi que pour la scolarité des enfants. La crainte des répercussions à la fois économiques et personnelles de ce déménagement potentiel sur l'entourage peut s'avérer dissuasive, voire bloquante.

L'aspect psychologique

L'autre aspect de la réponse est évidemment psychologique, et là encore, il regroupe plusieurs formes. D'une part le piège de l'habitude, le faux confort d'une situation que l'on connaît bien, même quand elle est douloureuse. Nous l'avons tous vécu, que ce soit dans notre vie privée ou professionnelle. D'autre part, la peur du changement, du lendemain incertain, de l'inconnu. Elle aussi nous la connaissons bien. Notre esprit craint beaucoup plus ce qu'il ne connaît pas que ce à quoi il a déjà été confronté.

À cela s'ajoutent parfois les croyances et conditionnements familiaux et sociétaux: «il faut beaucoup travailler pour y arriver», «on ne peut pas s'arrêter», «il faut être fort», «il faut être cadre», «le CDI, c'est la sécurité de l'emploi», «dans la famille, on est tous polytechniciens de père en fils», «le monde appartient à ceux qui se lèvent tôt», «on ne vit pas de ce genre de métier», «le plaisir n'a rien à faire dans le travail», etc. Chaque famille a les siens, même s'ils se ressemblent souvent.

On peut aussi mentionner sa propre quête de validation, voire l'orgueil: «À un moment, ils vont se rendre compte de ce que je vaux et j'obtiendrai enfin ce poste auquel j'aspire et cette place que je mérite.», ainsi que l'autojugement, ou plutôt l'automasochisme émotionnel: «Mais qui suis-je moi pour prétendre avoir cet autre poste?» voire «Mais qui suis-je pour prétendre faire mieux que mes parents?»…

Le facteur temps

Les conséquences du désalignement sur l'état de santé n'apparaissent pas soudainement, elles s'installent au fil des jours. On s'accommode bien plus facilement d'une lente perte de motivation que d'une chute brutale.

D'ailleurs, connaissez-vous la fable de la grenouille ébouillantée ? Elle raconte que si vous plongez subitement une grenouille dans de l'eau chaude, elle s'échappe d'un bond. Tandis que si vous la plongez dans de l'eau froide, que vous portez très progressivement à ébullition, la grenouille ne bouge pas, car elle ne mesure pas le changement. Sa température corporelle s'adapte à celle de l'eau et la grenouille s'habitue. Jusqu'à ce que l'eau bouille et que la grenouille, incapable de tenir davantage, meure ébouillantée. Cette fable relate parfaitement bien le phénomène de pente savonneuse sur laquelle on glisse progressivement, sans s'en rendre compte.

Warren Buffett, éminent homme d'affaires américain, l'a également constaté : « Les chaînes de l'habitude sont trop légères pour être senties jusqu'à ce qu'elles soient trop lourdes pour être brisées. »

L'accumulation de tous ces facteurs fait qu'arrêter l'engrenage infernal de la souffrance issue du désalignement devient très difficile.

Comment vous réaligner ?

« Le bonheur, c'est lorsque vos actes sont en accord avec vos paroles », déclare Mahatma Gandhi. C'est joliment dit, mais la mise en œuvre est plus exigeante, car parvenir à se réaligner efficacement nécessite un travail de réflexion.

Conscientiser votre désalignement

Il est important de prendre conscience des mécanismes à l'origine du désalignement et de la profondeur de leurs racines pour pouvoir s'en extraire.

À l'instar d'un iceberg dont seuls 10 % de la masse totale sont visibles à la surface, nos croyances et conditionnements sont largement enfouis. C'est en les amenant à la lumière, en les conscientisant, que nous pouvons travailler dessus, ce qui s'avère souvent un processus difficile et parfois douloureux.

Certaines personnes sont incapables de simplement reconnaître la réalité de leur désalignement et de la souffrance qui s'ensuit, car elles l'assimilent à un constat d'échec. Or, en aucun cas, reconnaître souffrir au travail ne constitue un aveu de faiblesse ou de vulnérabilité.

En vingt années de pratique, je constate que les clients qui subissent cette situation sont très loin d'être des gens faibles. Bien au contraire, ce sont souvent des professionnels exigeants, rigoureux, courageux, perfectionnistes qui, à force de vouloir tenir, grâce à la force de leur mental, finissent par perdre pied. Alors ils viennent me consulter parce qu'ils pensent être « un peu » en burn-out ou parce que leur entourage les y pousse. En général, c'est plutôt qu'ils sont en plein burn-out et depuis quelque temps déjà !

Or, plus nous attendons, plus nous nous enfonçons dans le mal-être, et plus la remontée sera longue. Le burn-out ne vient pas seulement d'une surcharge de travail, mais surtout d'une perte de sens. Ce n'est pas tant une fatigue physique, même si elle s'y ajoute ensuite, qu'un épuisement émotionnel. Comme il s'agit généralement d'un processus insidieux, nous ne le voyons pas toujours. Et quand nous le comprenons enfin, c'est qu'il est trop tard !

Vous réaligner

Vous pensez qu'il est trop tard ? Il n'est jamais trop tard. Sauf dans les cas extrêmes, rares, mais réels, ayant entraîné la mort (comme la vague de suicides chez Orange en 2008-2009).

Il n'est pas toujours nécessaire de tout changer ni de tout remettre en cause. Mais alors que faire ?

Première possibilité : un ajustement endogène

Parfois, il suffit d'un simple ajustement de poste ou de responsabilités au sein de la même entreprise ou du même groupe. Comment savoir si c'est possible ?

Il faut d'abord faire un travail sur soi qui consiste à se libérer de certaines croyances limitantes, liées au rapport à l'argent, au statut social, qui enferment dans une réalité qui ne vous correspond pas, ou bien encore à distinguer ce qui vous appartient réellement de ce dont vous avez hérité, pour en revenir à vos propres souhaits, besoins et aspirations.

Peut-être désirez-vous une vie professionnelle avec moins de responsabilités, en abandonnant l'ambition que vos parents ont poursuivie pendant toute leur carrière et vous ont transmise, inconsciemment ou non ? Ou bien ajouter un aspect international à votre emploi, ou du management pour avoir davantage d'interactions humaines ? Ou au contraire, réduire votre temps de travail pour avoir davantage de disponibilité et accomplir une mission qui fait sens pour vous, comme intervenir en tant que bénévole auprès de malades hospitalisés ? Ou encore, garder votre poste actuel, bien rémunéré, et consacrer une partie de votre salaire à votre passion du jardinage pour décompresser les week-ends et, à la retraite, être en mesure d'accueillir du public dans votre jardin labellisé « jardin remarquable » ?

Peut-être jugez-vous ces exemples peu adaptés à votre situation si votre quête est financière. Sachez qu'ils viennent de personnes occupant des postes à responsabilités et à forts enjeux économiques. Je les ai sélectionnés, car ils permettent d'ouvrir les horizons. Tout cela est OK, comme disent les thérapeutes.

Une fois ce décrassage réalisé, il sera plus facile de repérer le grain de sable qui vous empêche de vous épanouir dans votre emploi actuel. Vous pourrez alors envisager ce qui peut être enlevé ou ajouté pour vous réaligner et voir, avec vos interlocuteurs au sein de l'entreprise, si c'est faisable.

Si tout ajustement vous semble impossible et/ou si vous avez essayé et que ça ne fonctionne pas, ne vous épuisez pas à vous entêter, vous allez le payer cher. Dans ce cas, partez !

Seconde possibilité : un ajustement exogène

Parfois, en effet, il faut partir. Quitter son job, son emploi, l'entreprise, le groupe auquel on a pourtant déjà consacré beaucoup de temps et d'énergie. Renoncer à cet environnement au sein duquel vous vous êtes construit.

Partir ne fera pas de vous quelqu'un de faible ni de fuyant. Ni quelqu'un d'égoïste (quoique, et alors ?!). Au contraire, votre démarche démontre que vous êtes une personne forte, qui sait ce qu'elle veut et qui se donne les moyens de l'atteindre. L'incontournable Nicolas Machiavel, dans son ouvrage de référence *Le Prince*, l'affirme : « Celui qui désire toujours parvenir au sommet doit être prêt à changer souvent de position. »

Décider de partir ne vous remet pas en cause professionnellement, ni les qualités de votre entreprise ou de son personnel. Ce n'est pas un jugement de votre part sur les autres et réciproquement, vous ne devez pas craindre le jugement des autres sur vous. Parfois, ce n'est qu'une question de timing ou d'alchimie entre les personnes. Rien de personnel ni de malveillant. C'est avant tout une décision que vous prenez pour vous, pour votre bien-être et celui de votre entourage.

Il est aussi possible de ne plus être aligné avec une situation qui vous convenait auparavant, car tout évolue, l'entreprise, ses membres et surtout vous. Ça ne vous transforme pas non plus en être capricieux, instable ou en éternel insatisfait.

Voilà, c'est décidé, vous allez bouger. Avant d'envisager la manière de procéder, il reste un dernier élément à prendre en compte.

Quel est votre environnement personnel affectif ?

Cette question que je pose toujours au premier rendez-vous a de quoi surprendre. Or ce n'est ni de l'intrusion ni de la curiosité malsaine. C'est simplement que pour accompagner cette évolution, majeure pour vous, les autres (entourage, professionnels, etc.) vous seront très utiles.

De l'importance de votre environnement

Je constate tous les jours l'importance de l'environnement affectif sur mes clients. Avoir près de vous quelqu'un de soutenant, de bienveillant et de sincère, une personne capable de vous alerter quand vos pensées deviennent irrationnelles et excessives, de vous ramener à une certaine forme de raison allège, porte et même donne des ailes.

Identifiez des personnes qui répondent à ces critères, mais limitez-vous à trois, car chacune vous conseillera selon son propre référentiel qui n'est pas le vôtre. Les parents, par exemple, préconisent souvent la stabilité de l'emploi au détriment de l'épanouissement. Leur avis, bien que précieux, n'est parfois pas adapté.

Il faut donc choisir un partenaire de réflexion qui vous connaît et vous ressemble. Il est important d'identifier ce *sparring partner* (partenaire d'entraînement dans certains sports), car il vous servira de garde-fou. Souvent, c'est cet environnement qui, plus lucide, vous alertera sur votre état de santé physique ou mental que vous refusez de voir, ou sur les risques que comporte telle ou telle alternative.

Être mal accompagné dans sa vie personnelle conduit à des difficultés dans la vie professionnelle, car la bande passante dont vous disposez, et qui est limitée, se trouve captée par les problèmes domestiques.

Votre environnement peut vous tirer vers le haut ou vers le bas.

Préserver l'environnement

Dans ces conditions, l'environnement affectif devient une forme de capital, au sens socio-économique du terme, qui va favoriser votre richesse, matérielle ou non. Si vous disposez d'un capital, vous chercherez en toute logique à le faire fructifier. Or, avant de penser à la prospérité de votre capital, il faut déjà veiller à le préserver et non à le gâcher.

Quand vous vous sentez bien au travail, vous êtes détendu et vous êtes bien à la maison (sauf difficultés internes au foyer). L'équilibre est préservé. À l'inverse, quand le travail vous fait mal, ceux qui trinquent sont ceux dont vous êtes le plus proche affectivement. Peu à peu, vous abîmez le lien et le partenaire. Est-ce que c'est juste ? Non. Mais c'est humain. C'est toujours le cas. Parce que, et heureusement, auprès de ces gens de confiance, vous vous montrez dans votre vérité, nu, sans fard. Est-ce une fatalité ? Absolument pas. Cela peut être évité en prenant des décisions pour être en phase avec votre emploi. Et parfois même, source d'inspiration pour les proches, et en particulier les enfants.

Selon Albert Camus, « les grandes âmes ne sont pas celles qui ont le moins de faiblesses ni de contradictions, mais celles qui ont touché le fond de leur désespoir, qui ont mis en lumière les contradictions de leur être, et qui ont tiré parti de ce désespoir même pour édifier leur grandeur ».

Si ce chapitre vous a permis de réaliser que vous vivez une période difficile liée à votre situation professionnelle, je veux vous faire comprendre qu'elle est aussi l'espoir d'un renouveau pour nous. Nous allons y travailler au fil des chapitres suivants.

TÉMOIGNAGE

Le cas de Marc

Marc, 55 ans, est cadre dirigeant dans l'un des fleurons du luxe à la française depuis une dizaine d'années. Il est apprécié en interne et dispose d'une expertise reconnue et nécessaire au groupe.
Il a eu des alertes cardiaques et sa femme l'a poussé à voir un avocat. Il m'a connue *via* LinkedIn et a apprécié mon approche humaine.
Au premier rendez-vous, je mets en lumière le fait qu'il est en burn-out à cause du désalignement qu'il ressent avec les valeurs de l'entreprise.
Eh oui. Pourtant, Marc est dans l'entreprise depuis plus de dix ans et auparavant, il avait passé autant d'années dans un groupe de cosmétiques réputé pour sa médiocre gestion des relations humaines. On peut donc légitimement penser que Marc avait l'habitude de naviguer avec succès dans ce type d'eaux troubles, notamment en raison de son âge et de son poste.
Oui. Mais.
Entre-temps, sa foi a grandi. Il s'est investi dans la préservation d'une communauté religieuse et ses valeurs ont évolué. Désormais, Marc ressent un désalignement, une dissonance qu'il n'arrive plus à contenir.
Une fois ce constat fait, ce qui l'a obligé à prendre quelques jours de repos, il a pris conscience de ce qu'il vivait et a repris le pouvoir (savoir, c'est pouvoir).
Il est donc reparti pour un tour, est resté dans son job et dans son entreprise pendant quelques mois.
Les mêmes causes produisant les mêmes effets, la dissonance, tapie dans l'ombre, est revenue frapper à la porte. Il fallait aussi laisser à Marc le temps de maturation nécessaire à sa décision, car rester est un choix qui engageait sa vie. Il fallait donc qu'il prenne son temps et chemine à son rythme.

Après la prise de conscience est venu le besoin de changement qui s'est d'abord incarné par des ajustements internes. Ensuite, la conscience qu'il devait partir, pour créer une vie professionnelle alignée avec ses valeurs, ses projets et ses envies, dont celle de contribuer à la société, s'est imposée.

To be continued… La suite dans les prochains chapitres.

À retenir : les points clés du chapitre

- **Alignement** : vérifiez si votre travail est en harmonie avec vos valeurs, actions et aspirations. L'alignement génère joie et énergie, tandis que le désalignement entraîne angoisse et stress.
- **Symptômes de désalignement** : motivation en berne, troubles du sommeil, baisse de l'estime de soi et douleurs physiques. Ces symptômes affectent non seulement la performance au travail, mais ont également un impact sur la vie personnelle. Conséquences : un désalignement prolongé peut conduire au burn-out ou à des problèmes de santé plus graves.
- **Réajustement** : évaluez et ajustez votre situation professionnelle pour améliorer votre alignement. Même de petits changements peuvent être bénéfiques.
- **Environnement personnel affectif** : un soutien affectif solide est essentiel pour gérer le stress professionnel et maintenir le bien-être.
- **Décisions courageuses** : parfois, il est nécessaire de changer de travail ou de carrière pour retrouver l'alignement et le bien-être.

CHAPITRE 2

Vous voulez partir ?

« Chaque fois que nous décidons de faire une pause ou de changer de direction, nous construisons une nouvelle version de notre vie. »

Paulo Coelho

Vous en êtes arrivé à ce moment où il vous apparaît clairement que vous n'êtes pas heureux dans votre emploi actuel, mais vous n'êtes pas encore totalement résolu à partir.

Cheminons ensemble dans votre réflexion vers une prise de décision.

Décider ou ne pas décider, telle est la question

Selon votre profil psychologique, la prise de décision peut être plus ou moins compliquée à vivre et peut être repoussée à des jours meilleurs.

Votre capacité à décider selon votre profil psychologique

Par exemple, si vous appartenez à la catégorie des personnes qui sont déjà en « procédure », alors il faut que le plan se déroule exactement comme vous l'aviez prévu. La réflexion se mène de façon linéaire en privilégiant la sécurité. Tout changement dans le programme est très difficile à vivre et exige de reconfigurer l'intégralité du système interne.

Si vous relevez de la catégorie des personnes qui sont en « opportunité », vous êtes alors en mesure de transformer tous les signaux en opportunité. Votre feuille de route n'est pas figée, mais varie au fil de l'eau. Votre principale crainte n'est alors pas la sécurité, mais la perte d'opportunités et vous êtes prêt à prendre des risques si cela vous permet de saisir votre chance.

Évidemment, il sera plus facile à la personne en opportunité d'avancer rapidement dans la prise de décision, là où la réflexion de celle en procédure sera plus laborieuse. Je précise ici qu'il n'y a ni gradation dans les profils psychologiques ni jugement de valeur, chaque système présentant ses avantages et ses inconvénients. Les deux profils sont généralement assez équilibrés. Vous connaître permet uniquement de mieux appréhender votre mode de fonctionnement pour qu'il soit plus écologique pour vous et pour être en phase avec vous-même (toujours cet alignement !).

Décider, c'est renoncer ?

Vous avez certainement déjà entendu cette phrase « choisir, c'est renoncer » sans pour autant connaître son auteur, André Gide.

Si vous faites partie des personnes dont c'est la devise, je dois vous dire que vous vous leurrez. Choisir vous fait peur, car vous craignez de passer à côté d'une opportunité, mais ne pas décider est une décision. Vous décidez de ne pas décider et donc de fait, vous renoncez.

Alors, autant garder le pouvoir et prendre la meilleure décision pour vous.

En effet, si vous ne décidez pas, vous laissez la possibilité à un tiers de décider à votre place : votre employeur qui finira par s'apercevoir que vous n'êtes pas aligné dans votre travail et vous licenciera, peut-être même pour faute grave, votre conjoint qui sera lassé de votre mauvaise humeur liée à votre souffrance au travail, votre corps (certes, pas un tiers à strictement parler, mais c'est une entité que vous ne pouvez pas contrôler) qui vous lâchera ou encore, selon votre système de croyances, la Vie, avec un accident qui vous obligera à vous repositionner au centre de votre écosystème. Bref, autant de vecteurs de souffrances et de risques pour vous.

Tandis que si vous décidez, vous (re)prenez le contrôle sur votre vie. Certes votre pouvoir est limité et relatif, mais au moins vous prenez une décision qui vous convient, avec les éléments en votre possession à ce moment-là. Car oui, et c'est important de bien le préciser, aucune décision n'est parfaite. Vous prenez vos décisions en fonction des cartes présentes dans votre main à un instant donné. Peut-être que peu de temps après, la bonne décision sera différente, car vous devrez prendre en compte d'autres éléments.

Vous pouvez prévoir un scénario B, C, D ou même Z, pour vous rassurer sur le choix effectué, mais il existe toujours une part d'imprévu puisque les décisions que vous prenez sont reliées à votre environnement et que vous ne le contrôlez pas. Il est impossible de prédire comment des tiers, totalement indépendants de vous, réagiront. Cela vaut pour les contrariétés du quotidien quand vous prévoyez d'arriver tôt au bureau pour finir tel dossier et qu'un incident voyageur bloque la rame pendant une heure. Ou pour des contrariétés plus importantes comme rejoindre une entreprise sur la base de l'excellent contact avec votre futur supérieur lequel, un mois après votre arrivée, quitte la société.

L'idéal est donc que vous adoptiez une posture de souplesse, pour rebondir avec agilité et facilité.

Si vous faites partie de la catégorie des réticents au changement, faites-vous accompagner d'une personne qui appartient à la catégorie des opportunistes, ou au moins, des optimistes. Vous n'êtes pas forcé, à ce stade, de consulter un avocat (même si naturellement, je vous y incite vivement, car c'est un gain de sécurité et de sérénité considérable de vous prémunir contre tout risque d'impair). Ce partenaire optimiste peut être dans le cercle familial ou amical. En revanche, je vous déconseille de vous épancher auprès de vos collègues. Même si vous vous en sentez proche, des intérêts que vous ignorez et qui sont contraires aux vôtres peuvent entrer en jeu.

Dans tous les cas, je vous invite à vous rapprocher d'un professionnel de la santé mentale pour vous accompagner dans ces moments et vous aider à identifier et à canaliser ou à abandonner vos croyances. Aujourd'hui, la palette est suffisamment large, allant du psychiatre au sophrologue, pour vous permettre de trouver le bon partenaire. Plus que le profil académique de cet allié, c'est surtout la confiance que vous allez partager et le bien qu'il va vous apporter, ainsi qu'un espace de temps pour vous, précieux dans une vie vampirisée par le quotidien, qui vont primer et vous aider à cheminer dans votre réflexion.

Puisque ne pas décider est une décision, et que choisir de rester n'est pas une option, dès lors que tout ajustement vous semble impossible ou infructueux, alors envisageons votre départ de l'entreprise.

Choisir le bon moment

La question que vous vous êtes certainement posée ou que vous allez vous poser si vous êtes confronté à une situation de maljob est : « Est-ce le bon moment pour moi d'envisager mon départ ? »

Cette interrogation est bien légitime. Même Machiavel le reconnaît : « Quand il s'agit de se décider, le plus difficile est de savoir quand il est opportun d'attendre et quand il est nécessaire d'agir. »

La réponse me paraît évidente : c'est toujours le bon moment pour penser à vous et à votre bien-être, malgré les contraintes financières ou familiales qui existeront tout au long de votre vie. N'attendez pas le moment idéal pour agir, il n'existe pas.

Prenez une petite décision, qui déclenchera une dynamique positive et entraînera une série de succès ou de progrès continus favorables à votre objectif, telle une boule de neige au sommet d'une montagne.

C'est ce qui s'appelle « créer un *momentum* ». Ne vous imposez pas d'attendre d'être sûr que cette décision soit la bonne. Agissez ! Même si les conséquences vous semblent aujourd'hui insatisfaisantes, voire mauvaises, ce qui compte réellement c'est la façon dont cette décision et ses conséquences évolueront à terme. Le plus important est de sortir d'une situation qui ne vous convient pas, de bouger, de créer une dynamique.

Avoir acheté ce livre était justement cette petite décision qui vous permet d'installer une dynamique positive pour votre réalignement.

Partir, OK, mais pour du mieux

La projection

Dès le premier rendez-vous, j'évoque avec mes clients la piste de l'après, car cela leur permet de se projeter immédiatement. Surtout, au lieu de ressentir ce moment comme une punition ou une épreuve, ils vont pouvoir le vivre comme une opportunité, c'est-à-dire comme une circonstance offrant une perspective d'amélioration. Ce faisant, ils basculent du négatif au positif, du ressassement du passé vers la projection de leur futur. Ils cessent de subir et reprennent le pouvoir. Plus la réflexion s'engagera tôt, meilleure elle sera. Cela est d'autant que vrai qu'en étant au début du processus de départ, il n'existe alors aucune contrainte de temps ni financière puisque le salaire est maintenu. De fait, toutes les options sont alors possibles.

Il est primordial d'aborder la suite dès les prémices de la réflexion, car cela peut influencer l'orientation donnée à la décision. Ainsi, il peut être décidé de différer le départ pour entreprendre une formation pendant un congé, ou bien de négocier un temps partiel pour suivre un *executive* MBA, par exemple. Si votre souhait est de vous diriger vers l'entrepreneuriat, il est utile de le savoir en amont pour commencer aussi à travailler votre posture, différente de celle d'un salarié, et à étudier le marché.

Toutes ces options ouvertes peuvent engendrer un sentiment de vertige ! De fait, quand je leur en parle, je sens monter chez mes clients une sorte d'angoisse, d'inquiétude, qui peut même les submerger.

C'est donc vertigineux, mais c'est aussi grisant (je préfère toujours voir le verre à moitié plein que vide), car le champ des possibles s'ouvre !

Néanmoins, contrairement à un écrivain face à une page blanche, vous disposez déjà d'une base solide : votre formation, vos compétences, votre expérience et votre réseau. Il faut alors identifier l'articulation entre votre base et vos aspirations. Peut-être serait-il intéressant pour cela d'envisager un bilan de compétences ou un *outplacement*[5] ?

Être accompagné vous sera très utile pour savoir dans quelle direction aller. Je ne le répéterai pas dans chacun des chapitres suivants, bien que chaque étape le requière, mais un accompagnement de qualité change radicalement l'expérience vécue par le salarié, en particulier pendant la phase de réflexion.

En substance, l'idée est de mettre à profit cette période pour vous permettre d'identifier la voie qui serait la plus propice et constructive à votre réalignement et à un rebond durablement épanouissant.

Le risque d'un départ mal préparé

Permettez-moi de vous alerter sur un écueil que je rencontre souvent : le réalignement mal préparé.

Pour déjouer ce piège, il est fondamental de s'interroger sur la faisabilité, sur le long terme, du projet de réalignement. Faites-le posément, en rencontrant un maximum de professionnels qui pourront contribuer à vous apporter une vision claire et objective du métier, et peut-être même à susciter d'autres vocations chez vous, à ouvrir vos horizons en déclinant votre projet d'une autre façon.

---

5. Également appelé reclassement externe, il s'agit d'un processus d'accompagnement du salarié vers un emploi en dehors de son entreprise d'origine (source : Le code du travail numérique).

Ensuite, vous pourrez prendre une décision éclairée, en ayant embrassé la pleine mesure des risques. Un cas de réalignement précipité que j'entends souvent est celui de la reconversion dans le coaching. L'être humain étant fondamentalement bon, il veut aider. Surtout ceux qui ont été confrontés à la souffrance dans leur vie (professionnelle ou personnelle). Beaucoup veulent alors se reconvertir dans le coaching.

Résultat, le marché est saturé, ce qui a pour effet de tirer les tarifs vers le bas. Le principe de réalité rattrape alors souvent ces aspirants coachs qui, pour payer leurs charges courantes, se retrouvent à devoir chercher du travail dans leur précédent domaine d'activité. Retour donc à la case départ avec en prime un fort sentiment d'amertume et d'échec, voire des dettes, parce que la tentative d'alignement n'a pas été suffisamment travaillée en amont !

Si vous changez de job ou de voie, c'est pour trouver davantage de sens, d'épanouissement et donc d'alignement, et pas plus de désagréments ni de déceptions ou frustrations. Cela vaut donc la peine de prendre le temps de vous poser pour avancer, malgré l'inquiétude de l'avenir.

Comment avancer malgré l'inquiétude de l'avenir ?

La meilleure réponse à cette question est une autre question, celle à laquelle vous avez déjà répondu au cours du précédent chapitre : « Est-ce que la simple évocation de ce projet me met en joie ? »

Évidemment, si je vous promets l'épanouissement, vous serez ravi. Mais vous ne pourrez pas taire la petite angoisse intérieure, cachée dans votre sternum et qui frappe plus ou moins brutalement et plus ou moins fréquemment. Et tant mieux, car c'est aussi ce qui vous protège.

Si la réponse à cette question est « J'ai le trouillomètre à zéro, mais ça me met des papillons dans le ventre », vous avez votre réponse ! Étudiez votre peur, sécurisez-vous et surtout travaillez cette hypothèse de réalignement. Et s'il vous faut partir de l'entreprise et passer par une zone de turbulences pour aller bien ensuite, foncez !

Quand on sait qu'une décision se prend sur la base d'un équilibre plaisir/douleur, avoir la joie en ligne de mire, telle l'étoile du berger qui vous ramène constamment vers votre projet malgré les craintes et les obstacles, est un guide utile et puissant.

Accueillez l'inquiétude

La peur est une émotion légitime. Elle vous a été très utile pour fuir le dinosaure lorsqu'il apparaissait face à votre ancêtre. Votre cerveau, dans sa partie la plus ancienne, reptilienne, a donc associé peur et fuite. Elle a fait de la fuite un quasi-automatisme, même si la sidération peut aussi vous paralyser.

Comme toutes les émotions, il est important d'accueillir l'inquiétude, d'écouter ce qu'elle a à nous dire. Et de creuser : « Comment, pourquoi et en quoi ce projet que j'envisage génère de la peur chez moi ? Quel type d'inquiétude ? Matérielle, familiale, sociale… ? » Sans jugement, notez toutes les idées, même celles qui vous semblent aujourd'hui dépourvues de sens, car il émergera un jour, spontanément ou au détour d'une association d'idées.

La peur est donc légitime, utile et instructive. Elle vous permet de ne pas foncer tête baissée, d'envisager toutes les embûches pour tenter de les déjouer ou de les intégrer dans vos hypothèses. Elle est même une chance, un outil, à condition d'apprendre à la manier. L'idéal est de jouer avec sa peur, en l'accueillant et en l'écoutant, car elle vous aide à avancer, mais ne la laissez pas s'installer et tout dévorer au risque de provoquer la sidération et donc l'immobilisation.

Découpez l'inquiétude

Au lieu de vous aider, la peur peut vous bloquer, tel le lapin figé lorsqu'il est capturé par les phares d'une voiture.

Vous vous sentez submergé par l'ampleur de la tâche ? Changer oui, mais comment, pour quoi ? C'est comme si votre situation était une pelote de laine énorme, sans aucun bout sur lequel tirer, vous ignorez alors comment la démêler. Cette peur et cette ignorance génèrent du stress, lequel vous prive de votre capacité de discernement. Comme vous ne parvenez plus à réfléchir, la peur grandit. Un cercle infernal s'installe en vous.

Face à ce qui vous apparaît comme une montagne inaccessible, vous pouvez adopter la méthode *kaizen*. Le *kaizen* est un concept japonais qui signifie littéralement « changement » (*kai*) « pour le meilleur » (*zen*). Il est souvent traduit par « amélioration continue » ou « amélioration progressive ». Le *kaizen* est une philosophie et une méthode d'amélioration qui vise à favoriser des changements positifs, graduels et durables dans tous les aspects de la vie, que ce soit au niveau personnel ou professionnel.

De cette façon, si vous découpez votre objectif majeur en petits pas, ce sera plus digeste et plus facile à appréhender pour vous. Ne craignez pas de faire des pas qui vous semblent insuffisants. Il est préférable de faire un petit pas que pas de pas du tout.

Une devise fréquente dans le coaching est : « Mieux vaut fait que parfait. » Cela signifie qu'il est préférable d'entreprendre une action imparfaite, avec la possibilité de l'améliorer, que d'attendre la perfection qui sera difficile, voire impossible à atteindre. Alors, faites un petit pas facile à accomplir pour vous. Et si malgré cela, vous avez encore du mal à passer à l'action, vous pouvez décomposer chaque objectif intermédiaire en trois priorités.

Tant pour les pas que pour les priorités, je vous conseille vivement d'affecter une contrainte temporelle à chacune, sinon vous repousserez sans cesse. Par exemple : « D'ici la fin de la semaine, je dois avoir regardé les annonces d'emploi dans le job et le secteur que je vise afin d'avoir une idée claire des attentes des recruteurs. »

Ce petit pas fait, comment poursuivre votre cheminement, de façon sereine, malgré l'inquiétude de l'avenir ?

Remettez l'inquiétude à sa juste place

Souvent, l'inquiétude occupe une place très importante, voire devient envahissante.

Une étude de la National Science Foundation datant de 2005, explique que nous créons plus de 60 000 pensées par jour, soit environ une pensée par seconde lorsque nous sommes éveillés, ce qui signifie que nous pensons en permanence, à une vitesse fulgurante. Nous ne pouvons donc pas retenir chacune de nos pensées, ce qui explique que parfois, l'angoisse nous saisisse sans qu'on arrive bien à en identifier la cause. Le plus intéressant est que, selon cette étude, 80 % en moyenne de nos pensées sont négatives et 95 % sont récurrentes. C'est ce qui s'appelle tourner en boucle sur les problèmes, sans résultat autre que celui de nous angoisser.

En outre, selon une autre étude très instructive menée par Robert Leahy en 2005 au sein de l'université de Cornell, 85 % de ce qui nous angoisse ne se produit jamais[6]. Autant d'énergie négative perdue pour se préparer à une catastrophe qui n'arrivera pas ! Mais cette dernière étude explique également que pour les 15 % de projections négatives restantes (et donc réalisées), 79 % des sujets se sont rendu compte que, finalement, ils avaient réussi à mieux gérer la difficulté que prévu, ou encore que cette expérience leur avait appris une leçon qui les faisait grandir.

Si vous additionnez les chiffres, rares sont les scénarios catastrophe qui aboutissent, ce qui doit vous inciter à modérer votre inquiétude.

Comme le dit Leo Buscaglia : « L'inquiétude n'élimine jamais la peine de demain, elle ne fait que saper la joie d'aujourd'hui. » En plus de sa qualité d'auteur américain, son titre de « Dr Love », sous lequel il est davantage connu, lui confère toute légitimité pour intervenir sur le sujet du bien-être et du réalignement !

---

6. Étude incluse dans son livre *The Worry Cure: Seven Steps To Stop Worry From Stopping You*, Harmony Books, 2005.

Calmez l'anxiété

Vous êtes sans doute préoccupé par votre santé financière, comme 99 % de la population dans le monde. Mais même le un pour cent de millionnaires à l'abri de ce problème peut prendre des décisions qui remettent en cause leur fortune par des enjeux plus élevés. Il s'agit donc d'une inquiétude très communément partagée. La seule différence est que ces personnes riches sont souvent très entourées par des professionnels aguerris, ce que vous ferez à votre tour grâce à la lecture de ce livre !

Ainsi, que vous souhaitiez rejoindre une autre entreprise, prendre du temps pour une formation ou vous ressourcer/guérir, ou encore créer votre structure, il faut vous sécuriser financièrement. Par expérience, je sais que les inquiétudes financières peuvent devenir obsédantes et capter toute la bande passante, et qu'elles conduisent à prendre des décisions basées sur ce seul critère financier alors que ça n'aurait pas été le choix initial.

Toute décision que vous prenez doit donc tenir compte de cette inquiétude et de la meilleure manière de la calmer à moyen terme. Vous en aurez besoin, car vous ne pouvez pas anticiper toutes les difficultés éventuelles.

Par exemple, vous pouvez mettre plus de temps que prévu à trouver un emploi, ou le nouvel employeur qui devait vous accueillir a connu un changement de direction qui ne vous convient pas. Ou encore si vous avez une envie entrepreneuriale, il faut vous accorder l'oxygène nécessaire pour tenir pendant les trois premières années, celles du test de la viabilité de votre entreprise.

L'insécurité peut donc se réveiller à tout moment, il faut en tenir compte autant que possible afin de préserver votre sérénité.

Heureusement, il existe plusieurs moyens pour vous sécuriser financièrement. Vous disposez peut-être d'une épargne qui vous permettra d'aborder sereinement les prochaines étapes. Même si bien souvent, vous pouvez vouloir préserver cette épargne pour assurer votre avenir, que ce soit en cas de coup dur ou pour la retraite (on ne pense jamais trop tôt à la retraite !).

Vous pouvez aussi négocier avec votre employeur une indemnité de départ. Ce n'est ni automatique ni facile, mais c'est pourquoi vous avez acheté ce livre, alors autant essayer !

Enfin, si vous avez la chance de vivre dans un pays comme la France, qui offre à ses travailleurs une assurance chômage, en bénéficier vous accordera un peu de répit.

Il existe donc plusieurs moyens pour assurer votre sécurité financière afin d'avancer vers votre réalignement.

Nourrissez votre réflexion grâce au réseau

Vous avez cheminé dans votre introspection, peut-être accompagné par votre partenaire de confiance, mais vous demeurez relativement isolé. Il est temps de confronter votre vision à l'extérieur.

Plus la réflexion sera nourrie de rencontres, de discussions enrichissantes avec des personnes de tous horizons, plus les solutions à mettre en œuvre apparaîtront clairement pour parvenir à une vie professionnelle épanouissante.

Allez à la rencontre des gens. Ne demandez rien, mais ayez une discussion ouverte, centrée sur eux. Interrogez-les sur leur métier, leur environnement, ce qui leur plaît, ce qu'ils aimeraient améliorer. Les gens adorent parler, surtout quand il s'agit d'eux. Vous verrez, la somme d'informations précieuses que vous allez recueillir sera considérable et très utile.

Faites-le sans intention précise, si ce n'est celle d'élargir vos horizons.

Le romancier allemand Hermann Hesse écrit, dans *Siddhartha* : « Chercher signifie avoir un but. Mais trouver signifie être libre, ouvert, ne pas avoir de but. » En acceptant d'accueillir d'autres possibilités, au-delà d'idées préconçues, un projet professionnel différent et mieux adapté à vous peut émerger.

Vous ouvrir à des rencontres peut aussi vous apporter des témoignages de personnes ayant fait le même cheminement, ce qui sera très utile pour vous projeter et répondre à certaines de vos interrogations. C'est dans cet esprit que la deuxième saison de mon podcast, *Décidez votre rebond*, donne la parole à d'anciens clients, anonymisés, pour qu'ils partagent leur vécu, leurs craintes et surtout leur rebond. Ces témoignages pourront vous ouvrir des perspectives auxquelles vous n'aviez pas pensé.

Si le *networking* (réseautage) n'est pas votre fort, je vous conseille les livres d'Hervé Bommelaer[7], c'est une référence en la matière et ils sont très accessibles. Vous voilà désormais prêt à envisager votre sortie de l'entreprise et votre après.

TÉMOIGNAGES

Le cas de Marc

Au cours des mois qu'a duré son accompagnement, Marc a eu le temps de construire son projet professionnel.
Il ressentait l'envie d'entreprendre.
Il a donc choisi d'allier son expertise professionnelle à ses aspirations humaines et religieuses, ainsi qu'à ses besoins financiers en décidant finalement de créer un studio de start-up à impact. Après avoir identifié une innovation qui pourrait apporter une contribution à la société civile, Marc crée une structure juridique pour la commercialiser et la développer, puis il en confie la gestion à un professionnel qu'il a recruté. Autant de structures que de projets.

7. *Trouver le bon job grâce aux réseaux*, Eyrolles, 9e édition, 2025 ; *Booster son business*, Eyrolles, 2011 ; avec Anne de Marisy *Business classe. Avez-vous les codes pour réussir dans le monde professionnel ?*, Dunod, 2024.

Marc a mis à profit la période où je l'ai accompagné pour rencontrer de nombreux professionnels, de sorte que son projet a évolué et s'est affiné.
Une fois son projet défini, il nous fallait sécuriser l'aspect financier. Comment? Vous le découvrirez dans les prochains chapitres!

Le cas d'Aminata

Aminata, 52 ans, occupe les fonctions de directrice commerciale dans un grand groupe pharmaceutique vétérinaire international depuis un an et demi quand elle me contacte. Elle se plaint de ses conditions de travail, son supérieur hiérarchique ayant un langage un peu brusque à son égard. Nous commençons à travailler ensemble au mois de juillet. Après avoir questionné Aminata, je comprends que la méfiance de son supérieur à son égard prend racine dans de la jalousie : il craint qu'Aminata ne lui prenne sa place!
Aminata a peur d'enclencher une démarche de sortie, d'autant plus qu'elle se trouve en pleine réflexion de reconversion professionnelle et suit une formation en ressources humaines. Elle décide de suspendre notre collaboration. Je continue de prendre de ses nouvelles, même si, selon elle, la situation semble s'être apaisée.
Samedi 25 novembre, elle m'écrit, car elle a reçu une convocation à un entretien préalable.
Elle est finalement licenciée pour un motif aussi fantaisiste que totalement subjectif: un « manque de leadership inclusif »! Et ce, malgré des évaluations annuelles excellentes. Par ce licenciement, elle subit la situation, alors que si elle avait suivi mes préconisations du mois de juillet, le départ aurait été plus doux. Heureusement, notre première partie de collaboration n'avait pas été vaine puisqu'elle lui avait permis de collecter les pièces nécessaires à la constitution de son dossier au moment du licenciement. Nous avons donc pu négocier de façon convenable puisqu'elle a obtenu l'équivalent de dix mois de salaire au titre de sa rupture, dont sept d'indemnité extra-légale.

À retenir : les points clés du chapitre

- **Influence du profil psychologique** : votre manière de prendre des décisions dépend de votre profil psychologique, qui influence votre capacité à gérer le changement et les risques.
- **Décider implique de renoncer** : choisir une option signifie renoncer à d'autres. Ne pas décider laisse le contrôle à d'autres et peut mener à des conséquences dommageables.
- **Importance de la préparation** : bien planifier et envisager l'avenir permet de piloter les changements plus efficacement et de minimiser les risques.
- **Risques d'un départ non planifié** : un changement de carrière impulsif peut entraîner des difficultés financières et professionnelles.
- **Gestion des inquiétudes** : accepter et gérer les craintes aide à avancer. Décomposer les défis en étapes plus petites peut réduire l'anxiété.
- **Sécurité financière** : assurer une base financière solide est crucial avant de prendre des décisions importantes.
- **Utilité du réseau** : utiliser votre réseau pour obtenir des perspectives et des conseils peut enrichir votre prise de décision.

CHAPITRE 3

Parlons stratégie

« Si tu veux la paix, prépare la guerre. » Cette maxime martiale peut inquiéter ceux que le mot guerre fait frémir et qui ne veulent surtout pas de vagues. En réalité, ils craignent le conflit, car telle est la véritable inquiétude de fond. Si on réfléchit bien, c'est à peu près notre cas à tous. Rares sont ceux qui se complaisent dans le conflit.

Or, il faut d'abord désamorcer cette crainte du conflit, l'apprivoiser (la crainte et le conflit !). Ronald Reagan, président américain ayant connu quelques guerres et crises diplomatiques, affirmait lui-même que « la paix n'est pas l'absence de conflit, mais la capacité de gérer le conflit par des moyens pacifiques ».

Apprenez à aimer le conflit

Nous avons tous une vision très négative du conflit. Depuis l'enfance, on nous apprend à éviter le conflit, avec les camarades de jeu dans la cour d'école ou au sein de la fratrie.

Le conflit est sain

Pourtant, le conflit n'est que l'expression d'un désaccord. Et c'est normal de ne pas être tout le temps d'accord les uns avec les autres.

Nous sommes tous différents, avec un parcours singulier, une construction psychique individuelle et donc avec des opinions et des besoins qui nous sont propres. Dès lors que nous vivons en collectivité, ce que nous sommes va se confronter à ce qu'est et représente notre voisin.

L'expression de cette différence va conduire à un désaccord. Et si vous vous sentez suffisamment en confiance pour exprimer à l'autre ce désaccord, alors il en résulte un conflit d'idées. Jusque-là, rien d'inquiétant n'est-ce pas ?

Voyez comment en décortiquant un concept effrayant de prime abord, vous réalisez rapidement que ce qui vous inquiète n'est finalement pas si redoutable. Un peu comme le monstre sous le lit de votre enfance. Le conscientiser permet de le rationaliser et de le remettre à sa place, à sa juste place. C'est finalement le même processus que celui préconisé par le *kaizen*, la méthode des petits pas pour désacraliser une inquiétude.

Grâce à ce raisonnement, vous pourrez affirmer que le conflit c'est bien. Et vous allez même parvenir à l'assumer.

Fuir le conflit est nocif

Poursuivons notre raisonnement en partant d'une hypothèse négative, celle de ne rien dire, de faire le dos rond, de tendre l'autre joue, comme l'héritage judéo-chrétien nous l'enseigne, de ne surtout pas faire de vagues.

Si vous n'assumez pas votre position, c'est-à-dire vos pensées, vos besoins et vos envies, vous allez vous taire, les enfermer à l'intérieur de vous, vous conformer à ce que l'autre attend de vous, vous y soumettre. Vous allez devenir tout petit, vous effacer au fur et à mesure pour satisfaire les besoins des uns et des autres, mais en aucune façon les vôtres, qui passent toujours en dernier, vous allez vous recroqueviller dans votre carapace. Bref, vous éteindre ! Devenir l'ombre de vous-même… Sauf que vos besoins existent toujours eux ! Cachés très loin, mais ils existent.

À ce stade de lecture, vous sentez la dissonance que cela va nécessairement engendrer. Surtout, percevez-vous la frustration que cela entraîne ? À force de satisfaire les autres avant vous, ils avancent, leurs besoins sont remplis et les vôtres non. Ou du moins, pas de la façon dont vous le souhaiteriez, car si vos besoins sont profondément enfouis, et même si vous avez fait de votre abnégation une fierté, ils existent toujours.

Et cela génère également un sentiment d'injustice : « Pourquoi les autres ont-ils tout et moi rien ? » ; « Pourquoi Untel, qui est nul, a-t-il obtenu ce poste tandis que je ne suis pas reconnu à ma juste valeur ? ». La réponse est simple : Untel a osé exprimer son besoin, ses envies, lesquels sont en conflit avec les vôtres, que vous n'avez pas exprimés. Aussi, ne pas assumer vos besoins et envies génère de la frustration et de la soumission à l'autre.

Vu sous cet angle, ça ne donne plus tellement envie de fuir le conflit ! On a même plutôt tendance à l'apprécier ! Sans pour autant le rechercher, c'est là toute la nuance, elle est subtile, mais importante.

Surtout si nous écoutons une fois de plus Machiavel : « On ne peut éviter la guerre ; on ne peut que la différer à l'avantage de l'autre. » Ainsi, à fuir le conflit, vous donnez à l'autre la possibilité de déclencher le départ, à ses conditions.

De la vertu du conflit

D'autres spécialistes du conflit et des séparations que sont les thérapeutes de couple ont une phrase référence : « L'évitement des conflits n'est en aucun cas une façon de régler les conflits. » Nous savons tous combien un conflit non exprimé est comme une Cocotte-Minute qui chauffe et surchauffe jusqu'à l'explosion. À ce moment-là, la parole fuse en tous les sens, sans distinction ni précaution, blessant parfois irrémédiablement l'autre. Cela aurait pu être évité en accueillant l'expression du désaccord.

En effet, à partir du moment où vous acceptez le conflit, vous pouvez dialoguer avec l'autre, ouvrir la communication sur l'opposition et donc aboutir à la possibilité de régler le conflit.

Si l'autre ignore tout de votre désaccord, vous le privez de la possibilité de comprendre votre position et donc d'une conciliation. Il peut en effet vous arriver de penser que ce que vous considérez comme une évidence ne nécessite pas d'être verbalisé.

L'expérience m'a prouvé le contraire tellement de fois, même chez ceux qui nous sont proches. En acceptant de communiquer avec l'autre, vous créez deux responsabilités : celle d'affirmer vos besoins, envies et convictions et celle de l'autre, de choisir sa réaction. Dans cet espace, naît donc la possibilité d'une résolution.

Il existe une multitude de techniques de gestion de la crise : la médiation, la délégation, la fuite, la soumission, le passage en force, le recours à la loi et, bien sûr, la négociation. La véritable difficulté réside donc moins dans le conflit que dans la manière dont il est géré.

La négociation me semble être la technique la plus vertueuse, avec la médiation, car ce sont toutes les deux des modes amiables de règlement du conflit. Négocier n'est rien d'autre que trouver un accord à des positions ou des enjeux profonds qui peuvent être divergents. La négociation naît du conflit. Tant qu'il n'y a pas de conflit, il n'y a pas de négociation.

C'est un outil de gestion de conflit sain en ce qu'il est l'expression de communications ouvertes qui permettent d'éviter qu'un conflit se gangrène et requière d'autres modalités de règlement, telles que le recours à la loi.

Besoin de justice ?

Identifiez votre but

Lorsqu'une situation vous cause de la souffrance, vous pouvez avoir envie de faire souffrir votre bourreau, par vengeance et par revanche, avec plus ou moins d'âpreté selon la personnalité de chacun.

Vous pouvez aussi vouloir obtenir justice, c'est-à-dire qu'une autorité vous reconnaisse comme la victime des agissements abusifs de l'autre.

Ce qui s'apparente au parent qui vient gronder ce petit ou grand frère qui vous faisait des misères durant votre enfance. Mais ni l'entreprise ni les juges ne sont vos parents. Cela semble évident, mais mérite d'être rappelé.

Il est indéniable qu'être légitimé dans sa souffrance soulage. Et je l'intègre pleinement dans l'accompagnement que je fournis à mes clients tant cet aspect me semble fondamental pour leur rebond.

Prendre sa part

Prendre sa part est une approche différente de celle de vouloir être reconnu comme victime. Une victime subit, elle n'est pas en responsabilité.

Évidemment, personne ne cherche délibérément à être victime, mais dans certains cas, vous êtes responsable si vous restez dans une relation toxique, de laquelle vous n'arrivez pas à vous défaire, parce qu'elle vient appuyer sur des schémas inconscients.

Une relation n'est toxique que parce que vous acceptez qu'elle perdure.

C'est un système dans lequel chacun joue son rôle. Je n'affirme aucunement que les victimes méritent de l'être, mais je trouve beaucoup plus puissant pour la (re)construction d'assumer la part de responsabilité que nous avons tous dans une situation de souffrance.

J'ai fait ce travail sur moi-même. Je sais donc combien ça peut être désagréable ou douloureux, mais aussi combien c'est utile et même nécessaire pour avancer et apprendre. Selon Carl Jung, « aucune prise de conscience n'est exempte de souffrance ». Cela vous rappelle peut-être cette citation : « Une leçon se représente tant qu'elle n'est pas apprise » ?

Prendre sa part crée une charge émotionnelle considérable. À plus forte raison lorsque l'affect s'en mêle. Compte tenu du temps que vous passez au travail et de votre nature humaine et sociable, vous mettez souvent beaucoup d'affect dans votre environnement professionnel, que ce soit pour les relations que vous tissez avec les collègues ou en raison de l'investissement personnel dans vos fonctions. Lorsque vous souffrez au travail, cela génère un bouillon d'émotions négatives qui vous submerge, vous dépasse et peut vous faire perdre la lucidité nécessaire à une bonne analyse de la situation quant à vos attentes et à la meilleure stratégie à adopter.

Négociation ou contentieux ?

Les clients placent souvent beaucoup d'espoir dans la justice. Dans un monde parfait, ils auraient raison. Bien qu'étant moi-même une grande idéaliste et optimiste, plus de vingt années de pratique m'offrent une vision différente, à mon grand regret.

D'abord parce que la justice est rendue par des êtres humains, lesquels sont, par nature, faillibles. En l'état actuel des technologies, l'intelligence artificielle ne me semble pas plus infaillible, du moins pour le moment.

La réalité judiciaire

Ensuite, parce qu'en matière de droit du travail, la juridiction compétente est celle du conseil de prud'hommes. Les juges qui y siègent, et donc qui rendent les décisions, ne sont pas magistrats puisqu'ils ne sont pas diplômés de l'École nationale de la magistrature et n'ont suivi aucune formation juridique diplômante. Certains connaissent peu le droit avant de siéger.

Les jugements sont rendus par une formation paritaire, composée de deux représentants des employeurs et de deux représentants des salariés. En cas de désaccord entre ces quatre juges, l'affaire est renvoyée devant le juge départiteur qui, lui, est magistrat. Tout comme le sont les juges de la cour d'appel.

Il semble assez évident que l'aléa judiciaire, c'est-à-dire l'incertitude quant au résultat d'une procédure judiciaire, est encore plus fort quand ceux qui tranchent ne sont pas des juges professionnels. Résultat, 60 %

des décisions rendues par les conseils de prud'hommes font l'objet d'un appel[8]. Loin de moi l'idée de blâmer ces professionnels de justice qui, souvent, font du mieux qu'ils peuvent avec les moyens dont ils disposent.

Le problème majeur de la justice en France réside en son absence de moyens. La France dépense en moyenne 72 euros par an et par habitant pour la justice, c'est à peu près le même niveau que la Slovaquie, la Norvège ou la Finlande. Mais si nous comparons l'argent que la France consacre à la justice par rapport à la richesse qu'elle produit, c'est-à-dire au PIB, nous chutons dans le bas du classement : 36ᵉ sur 46, entourée par la Belgique et la Turquie. Selon une note du ministère de la Justice lui-même, la France « appartient au groupe d'États qui investit peu dans son budget[9] ».

Résultat, la France ne compte que onze juges pour 100 000 habitants, alors que la médiane du Conseil de l'Europe est autour de dix-sept juges.

Les juges ont donc plus d'affaires à traiter en peu de temps et avec peu de moyens. À l'époque des fax, les avocats savaient qu'ils ne pouvaient envoyer de télécopie au conseil de prud'hommes, car ils ne disposaient pas de papier ! Pauvre justice !

Le temps judiciaire

L'absence de moyens explique également les délais démesurément longs pour obtenir un jugement. Le pire étant le conseil de prud'hommes de Nanterre dont dépend un nombre considérable d'entreprises, et notamment toutes celles dont le siège est à La Défense.

Dans l'un de mes dossiers, j'ai saisi le conseil de prud'hommes le 12 novembre 2020, mais le jugement n'a été rendu que le 6 juin 2024, pour finalement renvoyer à une autre audience, devant le juge départiteur, un an plus tard.

---

8. www.justice.gouv.fr/sites/default/files/2024-11/Chiffres%20Cle%CC%81s%20 2024%20V3.pdf
9. www.justice.gouv.fr/sites/default/files/migrations/portail/art_pix/Infostat_188.pdf

À cela, ajoutez encore trois années pour obtenir un arrêt de la cour d'appel si l'une des parties fait appel du jugement du conseil de prud'hommes, soit un total de huit années.

Pas étonnant que la France soit régulièrement sanctionnée pour ses délais de justice anormalement longs tant par les juridictions internationales que nationales !

Le coût émotionnel de la procédure

Si vous contestez simplement votre licenciement, c'est dur, mais vous êtes sorti de l'entreprise. En revanche, si vous sollicitez la résiliation du contrat de travail aux torts de l'employeur, c'est-à-dire que vous demandez au conseil de prud'hommes de rompre le contrat en raison des actes de l'employeur, ce qui rend la poursuite du contrat impossible, alors vous restez encore contractuellement rattaché à l'entreprise et cela peut s'avérer destructeur !

Dans tous les cas, sorti ou non de l'entreprise, tant que la procédure dure, vous demeurez lié à l'entreprise, mentalement et émotionnellement. Chaque fois que vous recevrez des nouvelles de votre avocat à propos de cette procédure et pire encore, lorsque vous lirez l'argumentation de votre ancien employeur, et surtout les pièces justificatives, dont souvent des témoignages d'anciens collègues, cela vous sera très douloureux. Pendant potentiellement huit ans, donc. Autant d'années pendant lesquelles il vous sera difficile de passer véritablement à autre chose.

Est-ce que cela en vaut véritablement la chandelle ? Dans certains cas très rares oui, à condition d'être lucide sur ce qui vous attend et d'être capable de bien le vivre. Dans la grande majorité des dossiers, absolument pas.

La balance de la justice versus la négociation

La durée de la procédure, l'aléa judiciaire, les honoraires à verser à votre avocat, le coût émotionnel, le temps que vous allez consacrer à cette affaire, qui sera du temps en moins à partager avec vos proches ou à préparer votre avenir ainsi que le maintien du lien émotionnel avec l'entreprise sont autant de raisons de ne pas aller au contentieux.

Surtout que depuis 2017 et l'adoption du barème dit Macron, les sommes versées en cas de licenciement déclaré « sans cause réelle et sérieuse » sont encadrées, en fonction de l'ancienneté du salarié. Par exemple, pour un salarié ayant six années pleines d'ancienneté, l'indemnité sera comprise entre trois à cinq mois de salaire, pour les entreprises de plus de onze salariés.

Cela étant, ce barème se contente de formaliser et d'unifier ce qui était auparavant une pratique constatée auprès des juridictions. Il n'est pas applicable aux cas de nullité des licenciements qui reposent sur de la discrimination ou du harcèlement.

Ce même barème sert de référentiel pour la négociation. Les avocats d'employeurs transmettent à leur client leur « risque judiciaire » pour leur permettre d'évaluer l'intérêt à négocier, et les bases d'un éventuel accord raisonnable pour les deux parties.

Partant de là, il est préférable de négocier, ce qui vous épargne tous les inconvénients du contentieux : vous êtes rapidement libéré du lien contractuel et émotionnel pour pouvoir passer à l'étape suivante dans votre vie personnelle et professionnelle.

Vous l'avez compris, pour moi, la négociation ne présente que des avantages, à condition bien sûr qu'elle soit correctement menée !

D'ailleurs, plus les années passent, plus le pourcentage de contentieux dans mon activité baisse au profit de la négociation. Ayant constaté tous les inconvénients et le peu d'intérêt du contentieux, j'ai décidé de ne plus en faire, sauf quand il s'agit d'accompagner les rares clients pour lesquels la négociation se trouverait dans une impasse, ce qui représente 5 % de mes dossiers. En effet, si les discussions échouent, vous avez tout loisir de saisir alors le conseil de prud'hommes. La négociation n'est donc pas un choix entraînant un renoncement, mais une stratégie, souvent gagnante.

La stratégie de l'arrêt maladie

Une autre stratégie qui est souvent envisagée par les salariés en souffrance au travail est celle de l'arrêt maladie.

Les motivations de l'arrêt maladie

Plusieurs motivations sont à l'origine de l'arrêt maladie : la première concerne le besoin de reprendre du souffle, ce qui est tout à fait nécessaire et même indispensable. Comment avoir la lucidité requise pour prendre les décisions qui s'imposent lorsque vous êtes épuisé ?! C'est impossible. Il faut donc commencer par retrouver de l'énergie et souvent, un sommeil réparateur.

La deuxième motivation peut être votre volonté de faire pression sur l'employeur, pour marquer votre désaccord à la suite d'une désillusion. Cela s'apparente à de la bouderie puérile, n'est pas constructif et n'est donc pas une bonne option. En effet, si vous vous mettez à la place de votre employeur et que, après un refus, votre salarié se place en arrêt maladie, vous serez agacé et ne serez pas dans de bonnes dispositions à son égard, ni à ce moment ni pour la suite de la collaboration. Ce n'est vraiment pas une bonne idée, quelle que soit la suite de vos relations ; que vous restiez ou que vous partiez, vous aurez besoin de lui. Et s'arrêter c'est fuir : fuir la situation, fuir vos responsabilités.

Néanmoins, il m'est arrivé de conseiller à un salarié qui se montrait conciliant et en cours de préavis, de se faire placer en arrêt maladie, car son employeur s'avérait borné et incorrect !

La troisième motivation consiste à vouloir vous donner du temps. Vous vous mettez en arrêt maladie le temps de trouver un job ailleurs pour ensuite démissionner. Outre le fait que la démission ne me semble jamais une bonne idée, le processus de recrutement risque de prendre du temps et l'arrêt maladie va se prolonger. Il faudra donc trouver un médecin qui vous suive dans cet arrêt maladie, ce qui ne sera pas le cas s'il n'est pas justifié. De plus, si vous ne trouvez rien qui vous convienne, vous reviendrez dans l'entreprise après une longue absence, rarement synonyme de progression.

Les risques de l'arrêt maladie

Ceux, nombreux, qui pensent qu'être en arrêt maladie les met à l'abri de toute procédure de licenciement se trompent.

Un salarié, bien qu'en arrêt maladie, peut être convoqué et même licencié en son absence, à la condition toutefois que la procédure de licenciement ne repose pas sur son état de santé, auquel cas il s'agirait d'une discrimination rendant le licenciement nul. Le licenciement doit reposer sur un comportement fautif, des insuffisances professionnelles du salarié ou des difficultés économiques de l'entreprise.

Enfin, l'arrêt maladie n'est pas une bonne stratégie, car il présente un coût, souvent ignoré. D'abord en termes financiers. Il faut vous référer à votre contrat de prévoyance pour connaître les modalités de prise en charge, mais il est rare que votre rémunération soit maintenue à 100 %. Ainsi, nombreux sont ceux qui se font piéger et se retrouvent contraints de réduire leur train de vie, de piocher dans leurs économies ou de reprendre leur poste pour faire face à leur quotidien.

Au-delà de l'incidence immédiate, si vous vous retrouvez ensuite au chômage, le montant de l'allocation de remplacement, c'est-à-dire de votre indemnité chômage, sera calculé sur la base des douze derniers mois, ce qui inclut désormais la période où vous étiez en arrêt maladie. Or, si vous n'avez perçu qu'une partie de votre salaire pendant cette période, votre indemnité chômage en sera réduite d'autant. Si vous restez au chômage pendant deux ans, l'incidence est importante.

Ces conséquences peuvent s'étendre au-delà de la période de chômage. Lors de l'acquisition d'un bien immobilier, les compagnies d'assurances, dans leur questionnaire santé, demandent si, dans les cinq années précédentes, vous avez eu un arrêt maladie supérieur à trente jours. Dans l'affirmative, l'assurance peut refuser de prendre en charge votre emprunt, et donc empêcher la finalisation de votre opération immobilière !

Enfin, un autre préjudice important de l'arrêt maladie est psychologique. Si les premières semaines, voire les premiers mois permettent le repos et la reconstruction, l'absence d'activité, avec sa perte de repères et l'isolement social, est susceptible d'affecter le mental. Peuvent s'ensuivre une perte de confiance en soi et un mal-être qui rendent l'arrêt maladie contreproductif.

L'arrêt maladie peut déboucher ensuite sur une inaptitude.

L'inaptitude

Pour être placé en inaptitude, il faut que le médecin du travail juge le salarié inapte à reprendre son emploi. Il peut aussi prescrire des aménagements de poste.

En cas d'inaptitude totale, d'impossibilité d'aménager le poste ou de reclasser le salarié dans l'entreprise, l'employeur dispose d'un délai d'un mois pour licencier le salarié pour inaptitude. Le licenciement peut intervenir après ce délai, mais l'employeur doit alors reprendre le versement du salaire, suspendu précédemment.

C'est une solution qui peut être conseillée par les avocats. Personnellement, je ne la pratique quasiment pas. En effet, une fois le licenciement pour inaptitude prononcé, il ne peut être contesté puisqu'il repose sur une cause réelle et sérieuse, à savoir l'inaptitude du salarié, médicalement constatée. Seules peuvent être contestées les modalités d'exécution du contrat de travail, en demandant que la maladie ayant entraîné l'inaptitude soit reconnue comme étant d'origine professionnelle. Cela présente l'avantage de doubler l'indemnité conventionnelle ou légale de licenciement, ce qui peut constituer un gain intéressant en cas d'ancienneté importante.

Mais pour cela, il faut saisir le tribunal à deux reprises : le pôle social du tribunal judiciaire pour l'indemnisation des préjudices directement consécutifs à l'accident du travail et à la maladie professionnelle ainsi que le conseil de prud'hommes pour tous les différends relatifs à l'exécution du contrat de travail. Cela entraîne une multiplication d'aléas judiciaires, de coûts, de temps, pour un résultat incertain.

En effet, encore faut-il aussi pour cela que votre maladie soit reconnue comme ayant une origine professionnelle. Or, le burn-out, ou syndrome d'épuisement professionnel n'est pas admis en tant que maladie professionnelle au sens strict. Il ne peut l'être que s'il remplit deux conditions : un lien de causalité directe est établi entre la pathologie et le travail du salarié et qu'il en résulte une incapacité de travail au moins égale à 25 %. Malheureusement, ces critères ne sont pas adaptés et rendent difficile la reconnaissance du burn-out.

Une fois que vous avez réalisé que la négociation était la meilleure option, il vous reste à décider comment la mener.

Négo en solo ?

Certains veulent gérer eux-mêmes leur négociation de départ, sans accompagnement d'un professionnel, tels un avocat ou un coach en négociation de sortie. Peut-être considèrent-ils que la négociation sera facile, qu'ils économiseront ainsi les honoraires du professionnel, et/ou craignent-ils que le recours à un avocat soit perçu comme une déclaration de guerre. Aucun de ces arguments n'est valable.

Par expérience, je peux affirmer qu'une négociation n'est jamais aussi facile que vous l'espérez et vous ne savez jamais à l'avance ce qu'elle donnera, tant de critères entrent en jeu.

Le manque de recul

Le principal risque de la négociation pour vous-même est justement le manque de recul qui vous empêche de percevoir le plus objectivement possible la situation. Se trouver au cœur du réacteur prive de la capacité à prendre de la hauteur afin d'appréhender la situation dans sa globalité. Il existe ainsi deux écueils : celui d'une vision partielle et partiale, c'est-à-dire incomplète et subjective.

Or, comment pouvez-vous prendre une décision, et un processus de négociation est une succession de décisions, s'il vous manque des informations ? Vous prendrez alors des décisions erronées, car reposant sur des bases incomplètes, par exemple vouloir vous mettre en arrêt maladie en pensant que c'est une bonne stratégie pour forcer la main de votre employeur à négocier.

La prise de décision est aussi rendue plus compliquée par votre subjectivité qui vous prive de lucidité. Votre réalité n'est pas la réalité, même si elle est vraie. Je m'explique.

Si vous vous mettez devant une pyramide, vous serez en mesure de dire que le soleil se lève à sa gauche et vous aurez raison. Mais une autre personne, qui se trouvera sur la face opposée de la pyramide, pourra affirmer que le soleil se lève à sa droite et elle aura également raison. Votre vision du monde, depuis votre position, vous donne raison, mais il en est de même pour l'autre personne, car aucune vérité n'est universelle.

La négociation va gérer ce conflit de positions. Or, si vous négociez pour vous-même, vous aurez tendance à considérer votre vérité comme absolue et à ne pas laisser d'espace pour une autre vérité. Dès lors, toute discussion s'avérera stérile et rendra impossible l'aboutissement d'une négociation.

En outre, pour conforter votre position, vous n'allez retenir que les informations qui vont dans votre sens, en en excluant de nombreuses autres. Votre cerveau, qui dispose d'un arsenal de ruses pour vous protéger, va sélectionner les informations destinées à confirmer vos opinions. Ce sont les biais cognitifs de sélection et de confirmation.

Mais il en existe bien d'autres qui peuvent vous jouer des tours (vous les trouverez en annexe).

Le déni de réalité

Je vous livre ici une référence très utile pour briller lors des dîners en ville, car le terme réveille certains esprits taquins : la scotomisation, terme que la psychologie a emprunté à l'ophtalmologie.

Par analogie avec le scotome, amputation partielle ou totale du champ visuel, la scotomisation désigne un mécanisme inconscient et sélectif par lequel le sujet fait disparaître – ou écarte – du champ de sa conscience certains faits ou souvenirs dont la résonance affective est douloureuse et traumatisante. Ce type de défense contre la perception d'une réalité pénible correspond à ce que Sigmund Freud a décrit sous le nom de « déni de réalité ». En simplifié, il s'agit d'un mécanisme psychique par lequel le sujet évacue de sa conscience une information déplaisante. Autrement dit, il se ment sincèrement à lui-même.

Voilà comment votre réalité, déjà partielle et subjective, devient encore plus incomplète et c'est pourquoi tant de personnes pensent, à tort, qu'il leur sera si facile de négocier pour elles-mêmes.

« Les hommes jugent généralement plus par les yeux que par l'intelligence, car il est donné à tous de voir, mais à peu de comprendre ce qu'ils voient », Machiavel.

Le critère financier

La crainte des honoraires du professionnel qui vous accompagne ne doit pas être un frein. Il existe une multitude de coachs ou d'avocats. Vous en trouverez bien un dont le système de facturation vous conviendra. Attention toutefois à ne pas déterminer votre choix sur le seul critère financier, mais sur la qualité du professionnel. À rechercher des tarifs *low cost* vous obtiendrez des prestations *low cost* (bas de gamme).

Il arrive souvent que l'employeur vous propose de négocier en direct en adoptant ce type de discours : « Ça se passe très bien entre nous, évitons de faire appel à des avocats qui vont coûter de l'argent et compliquer les choses. » Ne soyez pas dupe de sa manipulation basée sur le chantage affectif et la peur (de la souffrance et de la dépense), votre employeur se fait conseiller dans l'ombre par son avocat. Il veut simplement éviter que vous soyez vous-même conseillé, car ainsi vous serez moins influençable !

En effet, les gains que vous pouvez obtenir grâce à l'intervention de l'avocat sont supérieurs à ceux que vous allez négocier seul. La différence de gains compense souvent très largement les honoraires que vous aurez versés à votre avocat. Il ne s'agit donc pas d'une dépense, mais bien d'un investissement.

En outre, vous gagnez une sérénité précieuse puisque vous avez le soutien constant d'un professionnel qui vous rassure sur les étapes à franchir et qui vous libère mentalement pour vous permettre de vous consacrer au plus important, à savoir votre rebond.

Être assisté vous évitera aussi de commettre un impair qui pourrait vous coûter cher dans la négociation, à savoir vous énerver ou, pire encore, accepter une proposition insatisfaisante, voire démissionner par lassitude et envie d'en finir rapidement !

Une négociation est toujours plus complexe qu'on le pense.

Moi-même, dont la négociation est le quotidien depuis de nombreuses années, j'ai sollicité l'aide d'un confrère lorsque je me suis séparée d'une associée. J'ai rapidement réalisé mes propres limites. Même les avocats prennent un avocat pour négocier ! Ainsi que les professionnels dont le métier nécessite de la négociation, comme les fonctions commerciales, lucides quant aux risques encourus en gérant seuls leurs intérêts, ils préfèrent généralement mandater un avocat pour gérer leur départ. Ce n'est pas pour rien que le GIGN a fixé une règle simple : « Celui qui décide ne négocie pas et celui qui négocie ne décide pas. »

Vous pouvez demander aux représentants du personnel de vous assister dans votre négociation, mais je pense préférable de choisir des conseils extérieurs à l'entreprise, pour lesquels seuls vos intérêts entreront en jeu.

Quant à l'idée de solliciter un professionnel dans votre cercle amical, c'est une mauvaise idée. J'ai reçu à mon cabinet plusieurs clients qui avaient suivi cette démarche et qui étaient très déçus, car leur dossier n'avançait pas. L'ami non payé avait toujours d'autres urgences, rémunérées, elles, à traiter. Il arrive aussi que l'ami rende service, mais ne maîtrise pas la matière sociale et moins encore les particularités de la négociation, aggravant la situation du salarié. Ne faites pas des économies de bouts de chandelle sur votre avenir, investissez plutôt sur vous !

Coach en négociation ou avocat ?

Je vois de plus en plus de coachs spécialisés en accompagnement de départ de salariés. Anciens salariés reconvertis dans le coaching, souvent passés eux-mêmes par cette expérience de départ et de négociation, ils proposent une offre d'assistance. Cela peut être assez rassurant pour un salarié de faire appel à ce type de professionnel s'il espère une approche plus amiable et discrète qu'avec un avocat, pour ne pas faire de vagues.

Il n'en est rien.

L'avocat peut être cool

L'esprit populaire associe souvent l'avocat au contentieux. C'était le cas autrefois, ça ne l'est plus aujourd'hui. De nombreux avocats sont formés aux modes alternatifs de règlement des conflits, dont la médiation fait partie. Et la plupart des avocats ont une activité de conseil, au-delà de l'activité contentieuse.

Reste la question de savoir comment sera perçue l'intervention de l'avocat par l'entreprise. Est-ce qu'elle ne risque pas de l'entendre comme une déclaration de guerre et donc crisper les relations ? Peut-être est-ce même l'effet que vous recherchez ? Tout dépend de l'approche adoptée par votre avocat. Il faut simplement trouver celui dont la posture correspond à la vôtre.

Les avocats disent souvent qu'ils ont les clients qui leur ressemblent. Ce qui est normal, car le client, par un effet dit de miroir, va chercher chez ce professionnel quelqu'un à son image. Il vous appartiendra dès le début de votre collaboration de mettre en place la stratégie qui vous convient et que vous pensez adaptée à votre entreprise. Si l'avocat rencontré vous semble trop offensif, vous pouvez librement en changer. Méfiez-vous quand même de la fausse équation entre avocat agressif et bon avocat. N'oubliez pas que, dans une négociation, vous avez besoin que votre adversaire soit ouvert à la discussion et à la possibilité d'un accord. Si votre avocat est trop violent, le résultat risque de vous décevoir.

Pour ma part, je conçois mon intervention comme celle d'un apporteur de solution (*problem solver*) plutôt que comme celle d'un fauteur de troubles (*trouble maker*). Cette orientation s'en ressent sur l'approche que je mets en place, et surtout sur les résultats, avec un fort taux de réussite.

Le shadow *avocat*

Le degré d'intervention de l'avocat sera déterminé par la stratégie. En effet, il va décider, avec son client, de la stratégie, d'apparaître ou non, et si oui, à quel moment. Et c'est là toute la différence avec le coach, qui ne peut intervenir directement dans la négociation. Il peut seulement conseiller en sous-marin, ce que l'avocat peut évidemment aussi faire.

En une phrase, l'avocat peut vous représenter et vous assister tandis que le coach peut seulement vous assister.

Les garanties de l'avocat

L'avocat présente à mon sens trois avantages majeurs qui rendent son intervention beaucoup plus intéressante que celle d'un coach en négociation.

Tout d'abord, il appartient à une profession réglementée par la loi. L'accès à la profession d'avocat est encadré et nécessite une formation solide, plusieurs diplômes ainsi qu'un comportement irréprochable.

Il a des devoirs et des obligations vis-à-vis de ses clients et de son ordre professionnel. Si l'avocat commet un manquement ou une faute, il peut être sanctionné.

Ensuite, l'avocat est couvert par une assurance responsabilité professionnelle obligatoire, qui offre une garantie au client dans le cas où une faute qu'il aurait commise (appel hors délai, par exemple) causerait un préjudice à son client.

Enfin et surtout, au-delà de ses compétences juridiques et techniques en matière de négociation, l'avocat bénéficie du secret professionnel et de la confidentialité des correspondances.

Cela signifie que toutes les discussions impliquant un avocat sont par nature confidentielles. Au-delà de tous les bénéfices que l'on connaît de cet avantage, il en est un autre majeur : le secret libère la parole. Ainsi, les parties peuvent échanger librement sur le principe même d'une négociation, sans craindre ensuite d'être piégées ni contraintes par les termes de ces discussions. Très concrètement, tout ce qu'une partie peut proposer, par l'intermédiaire de son avocat, dans une négociation, ne peut être utilisé contre elle en cas de contentieux. Cela facilite grandement les échanges et donc la négociation et souvent même, cela la permet tout simplement.

Cette confidentialité offre ainsi à l'avocat un éventail plus large de possibilités. Là où le coach oriente nécessairement vers la conclusion d'une rupture conventionnelle homologuée (RCH), l'avocat peut proposer d'autres modes de rupture, plus avantageux pour le salarié.

Enfin, l'avocat s'assurera que la rédaction est conforme à ce qui a été convenu et, en cas de difficulté, gérera l'exécution, parfois forcée de l'accord.

Les salariés sous-estiment ce risque. Je me souviens d'un ancien client qui m'a contactée quelques années après la fin de notre collaboration, car il avait négocié directement avec son nouvel employeur, lequel n'exécutait pas les termes de l'accord conformément à ce qui avait été convenu entre eux. C'est alors beaucoup plus compliqué de rattraper des erreurs qu'on n'a pas su éviter en négociant seul.

Les pièges et les erreurs à éviter

Si vous avez envie de vous lancer en solo malgré la précédente mise en garde, attention à ne pas tomber dans certains pièges, pourtant fréquents.

La tentation de l'écrit

Le réflexe que vous aurez souvent face à des difficultés sera de consulter vos amis ou pire, Internet.

Le premier conseil que vous découvrirez alors sera de vous constituer des preuves. Pour cela, le salarié malheureux commence à adresser des courriels à son employeur, en listant les reproches et en décrivant son mal-être.

Mettez-vous une fois de plus dans les souliers de celui qui reçoit ce courrier. Que peut-il ressentir ? Qu'en déduit-il ? Il comprend que le salarié se crée ses preuves en vue d'un contentieux. En langage juridique, on dit se « pré-constituer ». L'employeur va alors se mettre en position défensive, prêt à contre-attaquer, ce qui aura logiquement pour effet de compromettre durablement les relations entre les parties et de rendre ensuite le dialogue plus tendu, voire impossible.

Cependant, il faut quand même commencer à vous constituer un dossier et pour cela, l'écrit sera indispensable. Mais il faut le faire avec discernement. Ne vous jetez pas dans une profusion de courriels dans tous les sens, d'autojustifications ou de litanies de reproches. C'est totalement contreproductif. Dans le chapitre suivant, je vous livre des conseils qui expliquent comment vous constituer une preuve par courriel.

Résiste, prouve que tu existes

Une autre tentation que peut avoir le salarié malheureux est de cesser de s'investir dans son emploi, de façon manifeste. Une nuance toutefois concernant le phénomène de *quiet quitting*, apparu en 2022.

Tendance venue des États-Unis, le *quiet quitting* signifie « démission silencieuse ». Concrètement, il s'agit d'une situation dans laquelle les salariés, au lieu de démissionner, décident de rester en poste en effectuant le strict minimum. « Travaille à hauteur de ton salaire » (ou *act your wage*) et « privilégie ta vie personnelle » (*prioritize work-life balance*) sont les mantras du *quiet quitting*. En pratique, ces personnes font leur travail, mais refusent d'effectuer des heures supplémentaires, d'être sollicitées en dehors de leurs horaires professionnels ou d'assumer des responsabilités qui ne font pas partie de leur fiche de poste.

Les Américains n'ont rien inventé. Ils se sont seulement inspirés d'un proverbe corse : « Si tu as envie de travailler, assieds-toi et attends que ça passe. »

La nuance que je souhaite apporter dans l'analyse du *quiet quitting* se situe dans l'intention. Si vous adoptez le *quiet quitting* par envie d'un meilleur équilibre avec votre vie personnelle, que votre employeur et votre emploi vous le permettent, et qu'ainsi vous vous trouvez plus épanoui, c'est une excellente décision.

En revanche, si vous l'adoptez par dépit, parce que vous ne pouvez pas démissionner, c'est une mauvaise stratégie. Là encore, un changement d'attitude va inquiéter l'employeur, qui se mettra en ordre de marche pour contre-attaquer. Laisser une situation se dégrader seule peut s'avérer explosif et vous risquez de perdre le contrôle. Je vous le déconseille donc.

La précipitation au départ

Autre chose à ne pas faire : démissionner. Certes, la tentation peut être forte de tout envoyer balader lorsque vous éprouvez un fort sentiment d'injustice ou une grande souffrance au travail. Comme une envie de vous libérer de tout ce qui vous pèse dans ce job, dans cette entreprise, pour que demain soit un jour meilleur.

Cette envie est légitime, sa mise en œuvre, une erreur, principalement parce que cela vous prive du droit au chômage et de la possibilité ensuite de contester la rupture.

Enfin, si vous voulez obtenir la rupture, ne la demandez jamais ! Eh oui, c'est contre-intuitif, mais avéré. Si votre employeur comprend que vous voulez partir, il attendra que vous démissionniez, car cela ne lui coûtera rien et le protégera d'un éventuel recours. C'est tout bénéfice pour lui !

Ici, comme pour l'utilisation de l'écrit, la subtilité est indispensable. Pas de panique, nous allons étudier la démission et la prise d'acte plus en détail dans le chapitre 11. Il s'agit uniquement à ce stade de lister les pièges et les erreurs à éviter, afin que vous les ayez bien à l'esprit.

En synthèse, il est primordial de ne rien changer dans votre attitude pour ne pas alerter l'employeur ni pour vous mettre en danger de vous faire licencier.

Votre objectif est de créer les conditions pour que la discussion de négociation soit apaisée, dépassionnée et constructive. Ce sont les mots-clés que je transmets toujours dans le brief que je fais à mes clients, avec l'autre mot magique, la confidentialité.

Ainsi, vous incarnez la posture décrite par Machiavel : « Celui qui contrôle les moyens de la guerre est en position de négocier la paix. »

Justement, négocions la paix à l'aide du chapitre suivant.

TÉMOIGNAGES

Le cas de Sandra

Sandra, 40 ans, occupe depuis deux ans un poste de direction dans un établissement de services financiers.

En profonde souffrance au travail, elle est arrêtée depuis six mois quand elle me consulte pour l'aider à quitter son entreprise.

Au fil de l'entretien, elle m'avoue être dépendante à l'alcool, à la nourriture et à des médicaments.

Après quelques semaines de négociation, Sandra quitte son entreprise.

Son angoisse de l'avenir l'ayant pressée, elle rejoint immédiatement une ancienne collègue, qui devient sa supérieure hiérarchique, dans une société financière. Néanmoins, assez rapidement, Sandra subit le même schéma que dans son précédent emploi, principalement du fait de cette ancienne collègue.

Cette fois, Sandra ne se sent pas seule et me sollicite dès les premières difficultés rencontrées.

Lors de mon premier accompagnement, je l'avais orientée vers une thérapeute, qui lui a permis de faire émerger un traumatisme infantile enfoui.

À partir de cette résurgence, Sandra a travaillé sur elle, ses blessures, ses schémas. Forte de ce travail, et afin de ne plus subir d'actes violents de la part d'un ascendant, elle décide de dénoncer le comportement de sa supérieure. Contre toute attente, Sandra n'est pas protégée par son employeur alors que la loi prévoit une protection pour les lanceurs d'alerte.

Elle est même convoquée à un entretien préalable puis licenciée pour avoir couvert les agissements de son ancienne responsable. Cette sanction est vécue comme une injustice supplémentaire par Sandra, mais surtout, elle ravive le traumatisme d'abus et de dépendances dont elle a été victime à plusieurs reprises dans sa vie.

Des discussions sont menées entre avocats, mais l'employeur se montre fermé à la réparation de la situation subie par Sandra de son fait et propose une somme faible (au regard du préjudice subi) équivalente à deux mois de salaire.

Se pose alors, très longuement, la question de l'action prud'homale pour rétablir la justice et parce que les espoirs de gain étaient supérieurs.

Deux positions s'opposent donc ici : la rationnelle avec les espoirs de gain, le temps de la procédure, l'aléa judiciaire, et l'émotionnelle, avec la volonté de tourner la page et de privilégier sa propre situation. Dans les deux cas, Sandra reprend le pouvoir et cesse de subir, ce qu'elle avait déjà commencé

en faisant entendre sa voix par la procédure d'alerte. Mais dans la première option, elle part pour sept ou huit années de procédure pendant lesquelles le lien avec l'employeur persiste, avec la souffrance que cela engendre de revivre à chaque instant l'injustice et l'abus vécus par elle.
Finalement Sandra décide d'accepter la négociation pour aller de l'avant.
Plutôt, elle m'adresse un long message au cours duquel elle m'écrit: «J'ai décidé de ne pas refuser l'offre qui m'a été faite, même si elle est humiliante et ridicule.»
Je refuse son accord au motif que «j'attends que vous soyez dans une démarche active, de décision. [...] Je veux que vous soyez assertive, sûre de vous, ce n'est pas en faisant un choix par dépit que vous pourrez avancer. Vous y êtes presque. Alors j'attendrai».
Trois jours après, elle me revient avec cette fois une décision pesée et posée, dans une démarche volontaire et nous formalisons l'accord.
Travailler son alignement permet aussi d'éviter que des schémas se répètent et d'avancer sur le chemin de la guérison personnelle et intime.
C'est un long travail, qui peut être douloureux, mais surtout libérateur.
La preuve, grâce au travail psychologique majeur qu'elle a suivi depuis deux ans, Sandra est métamorphosée dans son rapport aux autres et dans sa vision d'elle-même au point qu'elle a rencontré un homme et s'installe à Cuba!

Le cas de Charles

Charles, 42 ans, travaille dans un grand groupe cosmétique international depuis près de quatorze ans quand il me consulte.
Le dernier poste occupé chez cet employeur est celui de Key Account Manager. C'est un poste dont il ne voulait pas, mais qu'il a accepté, son employeur lui ayant promis un

changement rapide. Mais ses demandes de mobilité interne n'ont pas abouti. Charles a exercé ses fonctions pendant plus d'un an jusqu'à s'écrouler. Il a été placé en arrêt maladie pendant une année puis la médecine du travail l'a déclaré inapte à son poste dans l'entreprise. C'est à ce moment-là qu'il me consulte, deux ans après sa prise du dernier poste. Nous faisons le choix d'initier une discussion avec le service des ressources humaines.

Dans ce dossier, mes négociations s'adressaient autant au service des ressources humaines qu'à Charles qui, très blessé par le traitement qu'il estimait avoir injustement subi de leur part, après tant d'années d'investissement, se montrait très virulent. Lui-même, négociateur professionnel dans son travail, s'est avéré exigeant, en poussant la négociation au point de rupture tout en écoutant mes préconisations.

Nous avons finalement obtenu plus de vingt mois de salaire, au titre de l'indemnité extra-légale, en plus de l'équivalent de neuf mois de salaire d'indemnité légale de licenciement. La négociation est définitivement une meilleure stratégie que le licenciement pour inaptitude médicale.

À retenir : les points clés du chapitre

- **L'acceptation du conflit,** comme expression normale des désaccords, permet une gestion plus saine des relations.
- **Risques de fuir le conflit :** éviter le conflit peut conduire à minimiser les besoins personnels et à augmenter frustration et ressentiment.
- **Privilégier la négociation** pour résoudre les conflits favorise une communication ouverte et une résolution constructive.

- **Limites de la justice :** aller au procès est long, coûteux et incertain, la négociation est généralement plus efficace.
- **L'arrêt maladie n'est pas la solution** à tous vos problèmes. Il comporte des risques de coûts imprévus et peut même affecter négativement la santé mentale.
- **Être assisté :** l'aide d'un professionnel, surtout d'un avocat, améliore grandement les résultats de la négociation en réduisant les risques et en maximisant les bénéfices.

CHAPITRE 4

Préparez la négociation

À présent que vous n'avez plus peur de préparer la guerre pour avoir la paix, comment devez-vous fourbir vos armes ? Normalement, à ce stade de lecture, la dialectique martiale ne devrait plus vous inquiéter.

La réponse est simple : demandez-vous ce qui pourrait inciter votre interlocuteur à céder du terrain pour remplir vos demandes ou encore, autrement formulé, pourquoi votre employeur paierait-il pour vous laisser partir afin d'être plus heureux ailleurs ? Surtout si lui-même subit son job !

Tout l'enjeu de la préparation de la négociation est de présenter un problème et sa solution afin que votre interlocuteur ait envie de négocier votre départ.

Pour cela, vous devez évaluer votre situation.

Vos atouts et vos zones de risques

Commencez par identifier les éléments qui peuvent vous servir ou vous nuire.

Soignez votre posture

Souvent, lorsque nous souhaitons demander quelque chose, nous nous plaçons en situation d'infériorité face à notre interlocuteur, à plus forte raison quand nous nous adressons à une autorité, comme l'est l'employeur.

Pour l'analyse transactionnelle, cela s'appelle être en position basse, quand l'autre nous paraît supérieur. L'échange nous inquiète alors et peut nous donner envie de fuir.

C'est comme si, sur un ring de boxe, vous vous retrouviez dans le coin, coincé devant les cordes, face à votre adversaire. Votre position limite vos capacités de réaction et la conscience de votre mauvaise position ajoute du stress, ce qui réduit encore vos possibilités d'action.

En outre, votre adversaire va le sentir et aura naturellement tendance à en profiter pour refuser tout ce que vous proposerez. Dans ce cas, vous subissez la situation.

Or, il faut aborder la négociation en vous plaçant en position haute. Cela ne signifie pas se montrer arrogant ou condescendant à l'égard de votre interlocuteur, mais avoir conscience de votre valeur, et du fait que vous n'êtes pas en train de quémander une faveur.

Vous êtes un professionnel qui s'adresse à un autre professionnel sur un pied d'égalité. Cela semble évident, mais par expérience, le réflexe de se positionner en petit enfant qui demande est assez fréquent et instinctif.

Une longueur d'avance

Au-delà de la posture, vous bénéficiez d'une botte secrète que votre interlocuteur ignore : vous avez la connaissance. Vous savez que vous avez décidé de partir. Vous connaissez les raisons de votre départ, peut-être même savez-vous où vous partez. Vous êtes donc celui qui mène le jeu. Et vous vous souvenez ? Le savoir, c'est le pouvoir.

De ce fait, l'employeur est alors positionné en réaction tandis que vous êtes en proaction. Il ne fait que réagir à vos initiatives. Vous avez un coup d'avance.

Cette nuance de positionnement peut sembler subtile, mais elle s'avère redoutablement efficace puisque le pouvoir est entre vos mains.

Le double tranchant de votre réputation

Votre deuxième atout est aussi votre plus grande faiblesse : votre réputation au sein de l'entreprise. En effet, la façon dont vous êtes perçu en interne va avoir des répercussions déterminantes sur la négociation.

J'ai le plaisir d'être recommandée par mes clients auprès de leurs anciens collègues, une fois la négociation de leur départ réussie. Il m'est donc arrivé d'intervenir pour un nouveau client auprès de l'avocat d'une entreprise après avoir géré avec succès plusieurs départs. Les relations avec mon confrère sont excellentes et fluides. Le client me dit avoir confiance, que ce sera un dossier facile, et subitement je me heurte à un mur, un refus catégorique. Une position de refus de principe. Le motif ? La personnalité du salarié. Il n'est même pas question d'une éventuelle insuffisance professionnelle. Non, uniquement le comportement et la personnalité du salarié qui empêchent tout début de discussion. Les tentatives que je peux mener par la suite sont généralement vouées à l'échec.

A contrario, des dossiers qui me semblaient plus compliqués de prime abord ont conduit à des négociations réussies grâce à la bonne image du salarié auprès de l'entreprise. Elle avait envie que les relations contractuelles se terminent amiablement et sans amertume de part ou d'autre.

Le risque du refus

Une autre zone de risque s'incarne par le refus de négocier de la société, soit parce qu'elle vous dit que vous êtes libre de partir en démissionnant, ce que vous ne voulez pas, soit parce qu'à l'inverse, elle veut vous garder. Dans ce cas, une fois le moment de surprise passée, remerciez votre interlocuteur et demandez un temps de réflexion. Ne prenez jamais de décision précipitée. Et laissez-vous le temps nécessaire pour reconsidérer l'hypothèse d'un départ. Peut-être est-ce l'occasion, maintenant que vous vous trouvez en position forte, d'obtenir les aménagements de poste qui rendront votre emploi satisfaisant ? Quoi qu'il en soit, il est temps de changer de stratégie.

Dans tous les cas, votre principal atout, lequel vous fera éviter un maximum de risques, c'est d'être accompagné dans la négociation.

La réussite est-elle assurée ?

La boule de cristal

« Maître, est-ce que j'ai un bon dossier ? » ou « Vous pensez obtenir combien ? » sont les questions que j'entends au premier rendez-vous, parfois même au téléphone lors de la prise de contact.

Je me refuse à y répondre, car en réalité nous ne savons jamais comment va évoluer une négociation tant que nous ne l'avons pas lancée. Il existe tellement de paramètres à prendre en considération, dont certains nous échappent, notamment les intentions cachées de l'entreprise, qu'il est impossible de prédire la suite. Je n'ai pas de boule de cristal, je ne lis pas l'avenir et je refuse d'appâter le chaland avec des promesses fantaisistes.

Tout ce que nous pouvons faire, c'est nous mettre dans les meilleures dispositions pour augmenter nos chances de réussite. La seule recette pour cela, c'est le travail. Passer par toutes les étapes listées préalablement, leur consacrer du temps, le faire en conscience. Il n'existe pas de recette miracle de la réussite ni de baguette magique. Ce n'est que du travail.

Qui de mieux pour nous en parler qu'un athlète de haut niveau ? Le grand joueur de tennis, Arthur Ashe, disait qu'« une des clés du succès est la confiance en soi. Une des clés de la confiance en soi est la préparation ».

Préparation = confiance en soi = réussite.

Voilà pourquoi ce livre accorde autant d'importance à la préparation.

Travaillez l'improvisation

Il faut beaucoup de préparation donc. Et aussi de l'improvisation, mais éclairée. C'est-à-dire être capable d'improviser pendant le processus de négociation, sur la base de compétences et de connaissances acquises préalablement et qui seront piochées au gré des besoins, même de façon inconsciente. Justement, c'est quand les compétences deviennent des automatismes qu'elles sont encore plus efficaces.

C'est ce que confirme Albert Einstein en personne: « La créativité, c'est l'intelligence qui s'amuse. » Cette phrase illustre bien le fait que la créativité repose sur l'intelligence et qu'elle donne une profondeur à l'improvisation éclairée. Et ça, ce n'est pas une théorie relative !

Avant d'explorer les concepts et les chiffres de vos futures demandes, j'ai encore quelques questions à vous poser: « C'est quoi la réussite pour vous ? Est-ce que c'est financier ? Une réparation morale ? Est-ce que le financier vient réparer le préjudice moral ? »

Bien définir en amont vos attentes permet ensuite de mesurer votre degré de réussite.

Définissez vos demandes, attentes et objectifs

La plupart des gens pensent qu'une négociation commence lorsque la discussion s'engage. Non, elle commence en premier lieu dans notre esprit.

Avant même de commencer la préparation de toute négociation, il faut d'abord s'interroger sur vos attentes: « Pourquoi est-ce que je négocie mon départ ? Pourquoi est-ce que je négocie *vraiment* ? »

Si la première réponse est financière, la véritable raison est sans doute encore ignorée. Or, c'est celle que vous allez devoir rechercher, c'est votre « pourquoi ».

Votre « pourquoi »

La plus grande difficulté dans le cadre d'une négociation est d'identifier la motivation de chaque partie : la vôtre et celle de la partie adverse. Or c'est cette identification qui va servir de base à la négociation.

Plus qu'une motivation, le « pourquoi » est une inspiration. La différence entre les deux est essentielle. En effet, la motivation peut provenir de l'extérieur, votre conjoint qui vous soutient, par exemple, tandis que l'inspiration est une énergie qui émane de vos tripes. Inspiration et motivation ne répondent donc pas au même élan. Or, logiquement, ce qui vient de soi est plus porteur. Par exemple, si votre employeur est motivé par son avocat à accepter la négociation, mais qu'il n'est pas inspiré pour le faire, il refusera. C'est ce qu'il s'est produit pour Céline, comme vous le découvrirez ultérieurement.

Une fois que vous avez identifié la véritable raison pour laquelle vous souhaitez partir, je vous conseille d'utiliser la méthode des « cinq pourquoi » pour la tester et l'approfondir.

Par exemple :

1. Pourquoi j'envisage de quitter mon entreprise ?
   Parce que je ressens un manque de reconnaissance.
2. Pourquoi je ressens ce manque de reconnaissance ?
   Parce que j'estime que mes efforts et mes réalisations ne sont pas suffisamment valorisés par la direction ou mes collègues.
3. Pourquoi j'accorde de l'importance à la reconnaissance et à l'appréciation ?
   Parce que je cherche à me sentir valorisé et respecté dans mon travail, ce qui est essentiel pour mon bien-être et mon engagement au travail.
4. Pourquoi je cherche à me sentir valorisé et respecté dans mon travail ?
   Parce que je souhaite contribuer de manière significative à l'entreprise et avoir un impact positif sur mon environnement de travail.

5. Pourquoi j'accorde de l'importance à contribuer de manière significative et à avoir un impact positif?

   Parce que j'aspire à un sentiment de réalisation professionnelle et à un alignement entre mes valeurs personnelles et les valeurs de l'entreprise, voire de la société civile en général, ce qui me permet de trouver un sens et une satisfaction dans mon travail et dans ma vie.

En posant ces cinq questions successives, vous pouvez identifier le «pourquoi» de votre volonté de départ de l'entreprise. Dans notre exemple, c'est le besoin de reconnaissance, d'appréciation et de contribution significative pour trouver un sens et une satisfaction dans le travail qui domine. C'est la conclusion à laquelle Marc est parvenu (voir chapitre 2).

Cette compréhension du pourquoi aide à prendre en compte vos préoccupations lors de la négociation de votre départ et à explorer des solutions qui répondent à vos besoins d'épanouissement professionnel.

Vous verrez comment, de façon générale, cette question du pourquoi est une mine précieuse d'informations. Et je ne dis pas ça uniquement parce que je suis une vraie Madame Pourquoi. Je fatigue mon mari à toujours demander pourquoi pour tout, et surtout à insister tant que je n'ai pas la réponse. Enfant, je fatiguais tellement mes parents avec mes questions qu'une fois, ils m'ont envoyée chasser les papillons avec un bout de bois. Leur répit a été de courte durée puisque je suis revenue peu de temps après avec des papillons dans la main. La cause animale m'était alors inconnue.

Maintenant que cet élément fondateur du pourquoi a été identifié, déroulons la suite de vos attentes dans le cadre de la négociation.

Vos POE (position, objectif et enjeu)

Un outil d'analyse a été créé pour aider à la détermination des attentes d'une négociation: le POE, pour position, objectif et enjeu.

- **P:** position affichée, ancrage initial qui démarre la négociation = ce qui est dit.

- **O :** objectif de la négociation, espoirs de gains = ce qui est voulu.
- **E :** enjeu, besoin profond à satisfaire par la négociation = ce dont on a vraiment besoin.

La position (ce que l'on affiche) et l'objectif (ce qu'on tente d'obtenir par la négociation) peuvent être ajustés au long de la négociation, à la hausse ou à la baisse.

En revanche, votre enjeu est et doit rester non négociable, car il vous est viscéralement lié et c'est lui qui vous motive à être le plus combatif possible afin de le tenir. C'est le fameux « pourquoi », c'est votre point de départ.

Une fois que vous aurez identifié votre enjeu, vous réaliserez qu'il existe de multiples façons de le satisfaire. La négociation n'est qu'un moyen parmi d'autres, ce qui devrait vous aider à relativiser la pression que vous vous mettez et à envisager d'autres manières de le relever. Comme le disait Nietzsche, « celui qui a un "pourquoi" qui lui tient lieu de but, de finalité, peut vivre avec n'importe quel "comment" ».

Par exemple, cela peut être :

- Position : je veux quitter l'entreprise.
- Objectif : je veux obtenir une sécurité financière (chômage et indemnités).
- Enjeu : j'ai besoin de me réaligner.

Une fois votre POE déterminé, l'objectif sera utilisé pour vous rapprocher de l'autre partie.

L'OCP

L'objectif commun partagé (OCP) est un concept clé en négociation. Il est un but ou un résultat que les deux parties en négociation, dans ce cas l'employeur et le salarié, s'efforcent d'atteindre ensemble. Cet objectif vise à aligner les intérêts des deux camps pour trouver une solution mutuellement bénéfique.

L'OCP permet de créer une base commune de confiance et de communication sur laquelle les deux parties peuvent construire des accords. Il aide à identifier des compromis acceptables et facilite ainsi une résolution plus rapide et plus satisfaisante des négociations.

La première étape consiste à identifier les objectifs spécifiques de chaque partie. Pour le salarié, cela peut inclure l'obtention d'une indemnité de départ équitable, en préservant sa réputation professionnelle. Pour l'employeur, cela peut inclure la minimisation des perturbations opérationnelles et le maintien d'une bonne réputation de l'entreprise. Il faut ensuite identifier l'objectif commun partagé qui pourrait être ici de faciliter une transition harmonieuse qui respecte les intérêts financiers du salarié et minimise la gêne pour l'entreprise.

Pour identifier cet objectif commun, les deux parties doivent communiquer ouvertement et honnêtement sur leurs attentes respectives. C'est la raison pour laquelle vous devez être au clair sur les vôtres.

Andrew Carnegie, l'un des principaux acteurs de l'essor de l'industrie de l'acier aux États-Unis à la fin du XIXe siècle, affirme d'ailleurs que la clarté est la puissance.

Vos seuils

Grâce à votre POE, vous allez pouvoir identifier trois seuils :

- le **seuil objectif,** également connu sous le nom de seuil de réservation, représente le niveau minimal ou maximal acceptable pour une partie dans une négociation. C'est le point au-delà duquel elle ne serait pas disposée à aller, car cela serait considéré comme inacceptable ou non rentable ;
- le **seuil idéal,** également appelé aspiration, sert à demander plus pour se laisser une marge de négociation. Il représente le niveau idéal ou optimal que chaque partie espère atteindre à la fin de la négociation. C'est le résultat souhaité qui maximiserait les intérêts et les objectifs de la partie ;

- le **seuil non négociable** est une ligne rouge qui ne peut pas être franchie sans compromettre les principes, les valeurs ou les intérêts fondamentaux de la partie. Le plus dur pour les faire respecter, ce n'est pas la négociation menée avec l'autre, mais celle menée avec soi-même et la capacité à dire « non ».

Pour vous aider, illustrons à présent ces seuils à la négociation de départ, en les identifiant tant pour vous que pour votre interlocuteur, car il est important de pouvoir définir les deux afin de mieux naviguer dans les discussions.

- Le seuil objectif:
  - pour le salarié. Le montant minimal d'indemnités de départ qu'il serait prêt à accepter pour quitter l'entreprise, par exemple le paiement du préavis, de l'indemnité de licenciement et le droit au chômage,
  - pour l'employeur. Le montant maximal qu'il serait disposé à payer pour le départ du salarié, en prenant en compte les charges patronales et les coûts de son remplacement.
- Le seuil idéal:
  - pour le salarié. Le montant d'indemnités de départ qui dépasserait largement ses attentes initiales et qui lui permettrait de partir de l'entreprise avec une sécurité financière confortable pendant qu'il cherche un nouvel emploi. Par exemple, les indemnités légales du seuil objectif, plus six mois de salaire,
  - pour l'employeur. Un départ à l'amiable avec le salarié, sans litige ni perturbation excessive pour l'entreprise, tout en parvenant à un accord financier raisonnable et équitable. Par exemple, l'indemnité légale de licenciement.
- Le seuil non négociable:
  - pour le salarié. Le droit au chômage ainsi que la garantie d'un non-dénigrement de la part de l'employeur,
  - pour l'employeur. Le respect des clauses de confidentialité par le salarié, ainsi que l'absence de contestation après le départ.

Comprendre et définir ces seuils vous permet de mieux évaluer vos priorités, intérêts et alternatives pour savoir comment réagir en cas de proposition inférieure à votre non-négociable.

Votre MeSoRe

La notion de MeSoRe provient de la méthode de négociation développée à l'université de Harvard par Roger Fisher, William Ury et Bruce Patton, connue sous le nom de négociation raisonnée ou de négociation basée sur les principes, reprise dans leur livre *Getting to Yes*[10].

La MeSoRe, soit Meilleure Solution de Rechange ou Meilleure Alternative à un Accord Négocié est aussi appelée BATNA en anglais, pour *Best Alternative to a Negotiated Agreement*.

La BATNA représente donc la meilleure alternative que chaque partie aurait si la négociation échouait et qu'aucun accord ne pouvait être conclu. En d'autres termes, il s'agit de la meilleure option disponible en dehors de la négociation actuelle.

Illustrons cela dans le cadre d'une négociation de départ.

Imaginons qu'un salarié, Firmin, envisage de quitter son emploi et entame des négociations avec son employeur pour convenir des modalités de son départ.

Dans ce scénario :

- la MeSoRe de Firmin pourrait être de demander une mobilité interne et de commencer à chercher un nouvel emploi dans une autre entreprise avec des conditions de rémunération et des perspectives d'évolution meilleures que celles offertes par son employeur actuel ;
- la MeSoRe de l'employeur pourrait être de refuser de négocier avec Firmin et d'attendre qu'il parte de lui-même, avec les risques que cela peut potentiellement entraîner pour le bon fonctionnement de l'entreprise et sur le plan judiciaire.

---

10. Roger Fisher, William Ury et Bruce Patton, *Getting to Yes*, Random House Business Books, 1997.

Connaître sa MeSoRe permet d'être plus souple, plus réactif et préparé pour la négociation, surtout si vous avez réussi à identifier celle de l'entreprise.

La partie qui dispose de la meilleure MeSoRe est souvent en position de force dans la négociation, car elle a moins à perdre si les pourparlers échouent.

Les informations pertinentes à réunir

Lorsqu'un salarié souhaite préparer son dossier de négociation de départ de l'entreprise, il doit rassembler des documents qui vont lui permettre d'avoir les idées claires et, s'il est accompagné, d'informer utilement le professionnel pour mettre en place la meilleure stratégie possible.

Les documents contractuels

En premier lieu, tous les documents administratifs tels le contrat de travail et les éventuels avenants. Des informations essentielles y figurent, comme la rémunération variable, le temps de travail ou la clause de non-concurrence. Il peut aussi prévoir des dispositions plus favorables pour le salarié avec un préavis plus long ou une indemnité de départ supérieure à l'indemnité légale ou conventionnelle de licenciement. Nous avons tous en tête les golden parachutes des grands patrons avec des sommes à sept chiffres, mais j'en ai vu aussi pour des cadres supérieurs. Il faut donc toujours analyser le contrat de travail et ses avenants.

Parmi les documents contractuels, il est aussi très utile de recueillir les plans de stock-options pour analyser les conditions d'attribution en cas de sortie anticipée du salarié.

Les éléments informatiques

Dans la mesure où il est impossible de prévoir comment la stratégie va évoluer, il faut être paré à toute éventualité.

En effet, il m'est arrivé une fois, en plus de vingt années de pratique, qu'à la réception de mon courrier d'avocat, l'entreprise licencie la salariée pour faute grave et coupe tous les accès aux outils informatiques. Il est donc indispensable d'anticiper pour préserver ses chances en enregistrant des éléments informatiques.

L'idéal est de sauvegarder l'intégralité de votre boîte de courriers électroniques. Les méthodes diffèrent selon le modèle de votre ordinateur, mais les clients y parviennent toujours. Si toutefois, vous n'y arriviez pas, enregistrez tous les éléments permettant de démontrer l'excellent professionnel que vous êtes : courriels de félicitations, de remerciements, évaluations favorables, augmentations récentes… Toute preuve de votre valeur et de votre contribution à l'entreprise.

Les heures supplémentaires

La sauvegarde de votre boîte électronique permet également de démontrer le temps de travail réalisé. Selon votre statut, cela peut être très intéressant.

Si vous relevez de la catégorie des employés, que votre temps de travail est de 35 heures par semaine et que vous ne réalisez aucune heure supplémentaire, cette précaution ne vous concerne pas.

Si vous appartenez à la catégorie des dirigeants, les dispositions relatives au temps de travail ne vous sont pas applicables, et cette précaution ne vous concerne pas non plus.

En revanche, si vous bénéficiez du statut cadre, vous avez tout intérêt à réaliser cette sauvegarde de votre boîte électronique. Rares sont les cadres soumis au forfait-jour qui n'exécutent que 35 heures par semaine. Si c'est votre cas, vous vous dites certainement que cette démarche est inutile puisque vous êtes soumis au forfait-jour et qu'il n'y a donc pas d'heures supplémentaires. Certes, mais vous ignorez alors que les conventions de forfait-jour sont très souvent jugées nulles par les juridictions.

Pour qu'une convention individuelle de forfait en jours soit déclarée valable, l'employeur doit cumulativement :

- établir un document de contrôle faisant apparaître le nombre et la date des journées ou demi-journées travaillées ;
- s'assurer que la charge de travail du salarié est compatible avec le respect des temps de repos quotidiens et hebdomadaires ;
- organiser une fois par an un entretien avec le salarié pour évoquer sa charge de travail qui doit être raisonnable, l'organisation de son travail, l'articulation entre son activité professionnelle et sa vie personnelle ainsi que sa rémunération ;
- définir et communiquer au salarié les modalités d'exercice de son droit à la déconnexion.

Pensez donc à vérifier si votre entreprise respecte toutes ces conditions et à les justifier si ce n'est pas le cas.

Le législateur a prévu une charge de la preuve aménagée en faveur du salarié. Cela signifie que, en cas de litige relatif à l'existence ou au nombre d'heures de travail accomplies, il appartient au salarié de présenter, à l'appui de sa demande, des éléments suffisamment précis quant aux heures non rémunérées qu'il prétend avoir accomplies afin de permettre à l'employeur, qui assure le contrôle des heures de travail effectuées, d'y répondre en produisant ses propres éléments.

La charge de la preuve repose donc plutôt sur l'employeur, le salarié pouvant se contenter d'un commencement de preuve. La preuve est laissée libre au salarié. Cela peut se faire par plusieurs moyens comme avec la compilation des courriels adressés au-delà du temps de travail légal, un tableau qui comptabilise les heures supplémentaires revendiquées, même écrit au crayon, une copie d'agenda comportant des rendez-vous, etc.

C'est donc un investissement en temps de recherche pour le salarié, mais qui peut s'avérer très rentable.

En effet, lorsque la convention de forfait-jour est annulée, s'applique alors le temps de travail légal, soit 35 heures par semaine. Les huit premières heures supplémentaires effectuées par semaine doivent être réglées, avec une majoration de 25 % ; les heures effectuées au-delà sont alors majorées à 50 %. S'agissant d'un élément de salaire, s'y ajoutent 10 % de congés payés. Ce qui chiffre très vite ! Avec toutefois la limite de la prescription triennale, c'est-à-dire que vous ne pouvez faire remonter votre demande sur le paiement des heures supplémentaires au-delà des trois dernières années. Si cela vous semble compliqué à comprendre, je détaille le calcul dans le chapitre 9.

S'agissant de temps de travail, si vous avez encore accès à vos outils informatiques, cela reste assez facile de parvenir à en démontrer la réalité, même si vous aurez du mal à reconstituer toute une journée de travail, surtout quand vous remontez sur les trois dernières années.

Prouver l'immatériel

Il est beaucoup plus difficile de prouver une situation de harcèlement ou de discrimination, d'autant que désormais, les harceleurs prennent soin de ne plus laisser de trace écrite et de ne sévir qu'à l'oral.

Les juges, qui en sont conscients, ont accordé le même aménagement de la preuve au salarié en souffrance au travail.

Alors, comment se créer une preuve sans alerter l'employeur ? Au lieu d'écrire directement à votre supérieur hiérarchique, ou au service des ressources humaines, vous pouvez envoyer un courriel à l'un de vos collègues de confiance, en relatant les difficultés que vous rencontrez et en lui demandant de faire preuve de confidentialité. Si votre entreprise dispose d'instances représentatives du personnel, vous pouvez aussi les contacter, toujours par écrit et sous le sceau de la confidentialité. Enfin, vous pouvez vous adresser à la médecine du travail, laquelle est soumise au secret professionnel et ne pourra donc communiquer avec votre employeur.

Quel intérêt, me demanderez-vous alors ? Celui de laisser une trace de votre souffrance, que vous pourrez toujours actionner au moment opportun, quand vous le déciderez, au profit de votre stratégie. Vous avez ainsi l'antériorité de cette déclaration de souffrance, ce qui est beaucoup plus puissant et donc utile que si elle intervient en réaction à une procédure de licenciement engagée à votre encontre.

En cas de discrimination qui se manifeste par une différence de salaire, essayez de vous procurer les fiches de paie de collègues occupant le même poste que le vôtre, mais avec une rémunération supérieure.

Les précédents

Enfin, connaître la position de l'entreprise sur la négociation sera aussi très utile. Si vous avez la possibilité de savoir si l'entreprise accepte (1) sur le principe de négocier, puis (2) sur quelles bases, avec des exemples concrets de salariés étant partis à la suite d'une négociation, cela permettra de disposer d'un référentiel précieux. Je parle bien de précédents concrets et chiffrés, avec tous les éléments en tête (ancienneté, poste et moyenne de rémunération, part légale et extra-légale) et non de simples ragots de la machine à café. Par expérience, il circule souvent des mythes et légendes sur de précédents départs négociés, mais qui se vérifient rarement et qui entraînent des espoirs déçus de la part des clients.

Bref, à vous de collecter tout élément qui vous semble utile pour constituer votre dossier et vous placer en position de force, afin de mieux négocier.

Le temps, cet acteur invisible de la négociation

Vous vous êtes préparé, vous avez constitué votre dossier. Il ne vous reste plus qu'à intégrer le facteur temps dans votre préparation avant de commencer à envisager les discussions.

Le temps est un acteur de la négociation, trop souvent oublié, alors qu'il est majeur et à ce sujet, on attribue à Lénine les propos suivants : « Le temps est l'allié de celui qui sait attendre. »

Il joue à deux niveaux : sur la durée de la négociation et sur la gestion du temps dans la négociation.

La durée de la négociation

Sur le premier niveau, je suis au regret de vous avouer mon incapacité à vous donner une indication précise de la durée d'une négociation. Tout au mieux, je peux vous livrer une estimation, qui peut aller de 48 heures à trois mois ou plus. Je dirais que, raisonnablement, la durée moyenne est d'un mois. Néanmoins, il me semble prudent de prévoir un peu plus.

Le facteur temps est important financièrement. En effet, plus vous disposerez de temps, et moins vous vous montrerez pressé dans la négociation, plus cela jouera en votre faveur. En n'étant pas pressé de partir, vous avez/vous aurez tout le loisir de négocier l'aspect financier de votre départ. Aussi, n'attendez pas d'être certain d'avoir une proposition d'embauche avant d'initier la discussion. Au contraire, il est préférable de vous mettre un peu en déséquilibre au moment d'aborder la négociation. Il n'est pas pour autant question de vous placer en risque non plus, et je vous conseille d'explorer d'abord le marché de l'emploi afin de conserver un regard réaliste sur vos recherches à venir. Je suis consciente de la tentation que représente la certitude d'une proposition d'embauche avant d'envisager un départ, mais votre sécurisation aura un coût, celui de la négociation.

Plus le temps de négociation sera large, plus à l'aise vous serez pour négocier le montant, les accessoires et les détails. À l'inverse, si l'entreprise sent que vous êtes pressé, car vous avez retrouvé un emploi, elle va vous poser un ultimatum et vous serez contraint d'accepter une proposition insuffisante, au risque de voir échouer les discussions et d'être contraint de démissionner.

Je pense à Nadia qui m'a consultée après avoir reçu une proposition d'emploi. La négociation ayant un peu tardé, le calendrier s'est précipité, car Nadia était attendue par son futur employeur. L'entreprise a senti l'empressement de Nadia et a posé un ultimatum sur son offre. Finalement, Nadia a obtenu l'équivalent de huit mois pour sept années d'ancienneté, mais j'ai moi-même ressenti la frustration de n'avoir pas pu pousser davantage la négociation en raison du facteur temps.

Enfin, ne pas être attendu par un nouvel employeur va se ressentir sur le temps que vous allez laisser à votre interlocuteur pour vous répondre, mais aussi sur votre temps de réponse.

La gestion du temps dans la négociation

Vous allez devoir incarner une posture d'équilibriste, en montrant à la fois votre disponibilité et votre absence d'empressement. Oui décidément une fois de plus la subtilité est de mise ! En effet, lorsque l'entreprise me contacte, soit directement, soit par son avocat, je mets habituellement deux ou trois jours à répondre, pour montrer que nous ne sommes pas pressés de conclure un accord, ce qui déstabilise l'autre partie.

Une fois le contact pris, après avoir montré au téléphone que nous n'avions aucune urgence ni même d'intérêt absolu à obtenir un départ (!), je m'engage en revanche à envoyer rapidement une proposition chiffrée, car à ce moment-là, le message que je véhicule est que je suis fiable, que les discussions peuvent se faire sur des bases constructives. Un vrai travail d'équilibriste, je vous dis !

Cette phase de préparation va exiger un certain temps.

TÉMOIGNAGES

Le cas de Céline

Céline, 45 ans, occupe un poste de direction dans une banque étrangère depuis treize ans lorsqu'elle me consulte.
La surcharge de travail qui pesait sur elle a fini par la conduire en arrêt maladie. À son retour, ses responsabilités professionnelles et ses équipes ont été drastiquement réduites.
J'ai envoyé en décembre un courrier à l'entreprise pour les informer de mon intervention et des difficultés que rencontrait Céline. Leur avocat s'est immédiatement mis en relation avec moi, mais bien que reconnaissant l'intérêt de trouver un terme

amiable à la relation de travail, il ne parvenait pas à convaincre l'entreprise d'y souscrire.
Constatant la situation de blocage, en février, nous avons décidé avec Céline de saisir le conseil de prud'hommes en résiliation du contrat de travail, c'est-à-dire que la rupture soit prononcée par la juridiction en raison des fautes commises par l'entreprise. Et que, dès qu'elle s'en sentirait capable, de reprendre son travail, pour les importuner.
Les parties étant convoquées à la première audience (dite de conciliation, mais qui n'est pas celle du jugement, qui peut se tenir plusieurs mois, voire plusieurs années plus tard) en juin, je demande à mon confrère, un mois avant, si sa cliente ne voudrait pas envisager de nouveau l'éventualité d'une discussion. La réponse se révèle être positive. Au lieu de solliciter, comme cela est l'usage, la proposition chiffrée de ma cliente, il me demande ses « prétentions en deçà desquelles elle ne transigerait pas », c'est-à-dire son tarif le plus bas. Ce que j'aurais pu faire afin de solder rapidement ce dossier. Sauf que le signal que j'aurais alors envoyé à l'entreprise aurait été que nous étions prêtes à brader l'affaire pour en sortir. Nul doute qu'ils auraient en plus négocié sur notre proposition la plus basse. Je décide donc de lister les demandes contenues dans notre requête au conseil des prud'hommes qui me semblent incontournables, telles que l'indemnité de licenciement, le préavis (qui sont dus dans tous les cas sauf démission ou faute grave du salarié). J'y ajoute des dommages et intérêts pour bien appuyer sur le fait que nous nous sentons justes et légitimes dans nos prétentions, et en aucune façon prêtes à sacrifier la négociation.
Hasard incroyable, j'apprends en même temps de façon fortuite par Sandra (oui, le cas du chapitre précédent) que son ancienne responsable toxique serait en cours de recrutement dans cette société. Cela confirme ainsi l'acceptation par la société que Céline parte, et surtout maintenant, la nécessité de la sortir des effectifs pour formaliser l'embauche de cette

remplaçante, et ce, dans un délai rapide. Deux informations fondamentales en ressortent : la société a besoin du départ de Céline, et rapidement. De notre côté, nous avions déjà montré que nous n'étions pas pressées. Avec la double information dont nous disposons, ce que la société ignore, le rapport de force s'inverse.

Le cas de Céline nous révèle qu'aucune stratégie n'est figée, il est possible de naviguer entre la négociation et le contentieux dès lors que la porte des discussions reste ouverte. Il faut prendre le temps pour parvenir à ses fins, et le savoir, c'est le pouvoir.

Le cas d'Anne

Anne, 53 ans, occupe des fonctions de direction commerciale dans une société d'import-export.

Elle me contacte à son retour d'un déplacement à l'étranger et semble déboussolée, c'est-à-dire dépassée par les événements et manifestement à côté de la plaque.

Elle m'explique alors ne plus comprendre ce qui se passe dans son entreprise, être constamment critiquée pour ce qu'elle fait.

Anne a reçu un avertissement qu'elle a même accepté, promettant de faire mieux à l'avenir.

En réalité, Anne a perdu confiance en elle. Les critiques incessantes ont détruit sa capacité de discernement, et le recul nécessaire à une vision objective de la situation, avec les responsabilités qui s'y rapportent.

Pire, en voulant se justifier, Anne envoie des courriels à rallonge à sa supérieure, que cela agace. La situation se crispe. Anne est dans une impasse.

Je comprends très vite qu'elle subit une pression considérable à son travail, que sa supérieure la dénigre et que toutes les tentatives d'Anne pour rétablir la vérité sur elle-même et son travail sont annihilées.

Anne vit également une procédure de divorce longue et douloureuse, qui la fragilise considérablement.

La première chose que je lui demande est d'accepter d'être placée en arrêt maladie.
Elle doit d'abord se reposer, dormir et lâcher. Ça fait longtemps qu'elle ne l'a pas fait, car même pendant ses congés, elle travaille tous les jours.
Elle me fait part de son souhait de rester dans l'entreprise pour avoir de la stabilité, mais tous les éléments me laissent penser qu'elle se trouve sur la sellette et qu'ils cherchent à la faire partir. Sa situation est donc loin d'être stable.
Il vaut mieux le réaliser et prendre les dispositions nécessaires. Je lui demande alors d'envisager l'hypothèse d'un départ. Plus je lui permets de comprendre sa situation, avec recul et objectivité, plus elle réalise qu'elle doit partir.
Tout de suite, je lui demande de se projeter sur ce qu'elle aimerait faire.
Elle m'indique être instructrice de yoga et donner des cours le week-end. Cette activité, tout à fait secondaire, lui rapporte déjà l'équivalent d'un SMIC. Elle peut la développer en augmentant le nombre de séances ou de participants et en organisant des stages.
À l'issue du premier rendez-vous, nous décidons qu'elle accepte l'arrêt maladie et que j'envoie un courrier d'avocat à l'entreprise pour avancer sur l'hypothèse d'une négociation de départ pour qu'elle se repose, se reconstruise et ensuite travaille sur son rebond professionnel.
Comme je le dis fréquemment, « je m'occupe de votre présent, qui est presque votre passé, pour que vous puissiez vous occuper de votre avenir. Et d'abord de vous, car vous n'avez pas d'avenir sans vous ! ».
Contre toute attente, l'employeur ne veut pas se séparer d'Anne, en raison de ses excellentes performances commerciales. Nous avons donc envisagé son retour dans l'entreprise, le temps pour elle de développer son activité d'instructrice de yoga, en profitant de sa rémunération actuelle, et de différer son départ de quelques mois. Elle obtient ainsi la stabilité et la sécurité souhaitées tout en construisant et fortifiant son projet

de reconversion. Cela d'autant que, au cours des discussions, Anne a réalisé, après plusieurs revirements, qu'elle voulait vraiment reprendre son travail. Mais pour que ce retour se passe dans de bonnes conditions, nous avons travaillé sa posture, car tout le stress vécu par elle dans la sphère personnelle et professionnelle l'a rendue à fleur de peau et cassante dans sa communication.

À retenir : les points clés du chapitre

- **Préparation mentale** : acceptez l'idée de préparer minutieusement la négociation comme une stratégie essentielle, même si elle peut sembler conflictuelle.
- **Évaluation de position** : analysez vos atouts et vos zones de risque, et adoptez une posture de confiance et d'égalité vis-à-vis de votre employeur.
- **Impact de la réputation** : votre réputation dans l'entreprise peut influencer fortement l'issue de la négociation.
- **Stratégie en cas de refus** : préparez des plans pour gérer un éventuel refus de négociation, incluant la possibilité de reconsidérer votre position.
- **Objectifs clairs** : déterminez vos attentes, vos objectifs, et vos seuils de négociation avant de commencer.
- **Rôle du temps** : comprenez l'importance du temps dans la négociation, tant pour la durée totale que pour la gestion quotidienne du processus.
- **Préparation des documents** : rassemblez tous les documents pertinents pour renforcer votre dossier.

CHAPITRE 5

Améliorez votre préparation grâce au profilage

Comment le profilage peut-il vous aider à améliorer notre négociation ?

Lorsque nous pensons profilage, nous avons en tête les images de séries ou films américains dans lesquels une personne, souvent atypique, livre des informations aux forces de police sur le profil psychologique d'un tueur en série. C'est le profilage appliqué à la sphère criminelle.

Dans le monde de l'entreprise, il repose sur des grilles de lecture de profils psychologiques, qui seront couplées et recoupées pour identifier et comprendre le fonctionnement d'une personne et ainsi mieux communiquer avec elle.

Depuis toujours, lorsque mon client expose son dossier au premier rendez-vous, je vais sur un moteur de recherche voir une photographie de ce supérieur toxique ou de ce RH qui sera notre interlocuteur. L'observation de la photographie m'apporte des informations sur la personne, que je fais valider par mon client. La véracité de mes déductions m'a toujours étonnée. Face à l'utilité des indications tirées de ces déductions, j'ai souhaité me professionnaliser en suivant une formation spécifique auprès de professionnels du profilage, dont d'anciens négociateurs au GIGN. C'est donc un outil que j'utilise au quotidien dans ma pratique professionnelle. Je le trouve tellement utile que j'ai désiré le partager avec vous.

Chercher à comprendre son interlocuteur n'est pas nouveau. Dès le ve siècle avant notre ère, Sun Tzu écrivait dans son ouvrage de stratégie militaire *L'Art de la guerre*: « Connaître son ennemi, c'est connaître sa propre force. »

La cartographie des acteurs

La cartographie des acteurs, dans le cadre d'une négociation de départ d'une entreprise, consiste à identifier et à analyser les différents individus et entités qui ont un intérêt ou une influence sur le processus de négociation. Cette méthode permet de comprendre les relations, les dynamiques de pouvoir et les enjeux impliqués dans la négociation, ce qui aide à élaborer une stratégie efficace.

L'identification des acteurs

Vos acteurs sont à classer dans trois catégories: les alliés, les bloquants et les neutres.

Si vous identifiez des acteurs bloquants, votre objectif sera de les neutraliser. Les convertir en alliés requiert qu'ils identifient leur intérêt à votre départ et que votre négociation se déroule dans de bonnes conditions, soit deux conditions difficiles à remplir. Placez plutôt votre énergie auprès des personnes qui peuvent vous être utiles.

Les acteurs sont plus nombreux que nous l'imaginons.

L'acteur central et principal: vous, le salarié

Votre plus grande difficulté est ici de vous positionner dans votre écosystème avec objectivité et recul. Comme vous êtes directement impliqué, avec toute la charge émotionnelle que cela suppose, vous ne savez jamais vraiment ce que les autres pensent de vous.

- Vos supérieurs hiérarchiques : N+1, N+2 et N+3.
  - Qui peut avoir un intérêt à vous voir quitter le service ?
  - Qui peut vous soutenir dans votre démarche ?
  - Qui peut être votre interlocuteur pour la négociation de votre départ, disposant d'un pouvoir de décision ou de la qualité pour reporter au décisionnaire final et qui soit soutenant pour votre projet ?
  - Est-ce que c'est votre N+2 ? Si oui, est-ce que votre N+1 va se sentir exclu et déconsidéré si vous en référez directement à son supérieur ?
  - Comment vous adresser au N+2 ou N+3 sans que le N+1 en prenne ombrage et vous mette ensuite des bâtons dans les roues ?
  - Quels sont les susceptibilités et ego qu'il vous faudra ménager pour trouver le bon interlocuteur et vous adresser à lui ?

Autant de questions que vous devez vous poser pour trouver le bon interlocuteur.

Si ce n'est pas votre supérieur hiérarchique direct, je vous invite à lui en parler concomitamment à votre interlocuteur, soit juste avant, en sollicitant ses conseils (s'il est bienveillant) et de lui demander de rester discret (si vous l'en pensez capable), soit juste après en lui disant que vous vouliez lui en faire part immédiatement et recueillir son avis. L'important n'est pas tant de lui faire plaisir ou de le flatter que de ménager son ego pour éviter qu'il ne devienne un élément bloquant.

Le service des ressources humaines ou la personne en charge du personnel

Peut-être avez-vous un contact particulier dans ce service ?

Vous avez certainement déjà eu des rapports avec lui. Des rapports lointains, administratifs ou plutôt soutenus ?

Il n'est pas nécessaire que ce soit spécifiquement le ou la DRH. Ce peut être l'assistant des ressources humaines qui, à défaut d'être décisionnaire, peut vous livrer des indications précieuses sur le fonctionnement du service, de son responsable et sur la meilleure façon d'aborder la négociation avec cette personne.

Dans la mesure où le service des ressources humaines est souvent intégré au processus de négociation, il est important de l'avoir de votre côté.

Les collègues, directs ou indirects, dans votre service et au-delà

Ils sont rarement décisionnaires, mais peuvent eux aussi se montrer des éléments négatifs, qui gênent vos plans. Soit parce que vous voir avec le courage de partir qu'ils n'ont pas les agace, soit parce qu'ils craignent d'être surchargés par vos tâches qui leur retomberont dessus, une fois votre départ finalisé. Là encore, il est utile de les identifier pour les neutraliser.

Ils peuvent au contraire être des alliés en vous fournissant des informations instructives pour la négociation. Par exemple, sur la façon dont vos fonctions pourraient être réparties en interne, ce qui permettrait de réduire le coût de la masse salariale et donc de présenter votre départ en avantage pour l'entreprise, dans le cadre des discussions. Vos collègues peuvent aussi être proches de la direction ou du service des ressources humaines et aller recueillir des informations pour vous.

Les instances représentatives du personnel

Est-ce que les délégués du personnel, membres du comité social et économique ou les syndicats sont proches de la direction, ou peuvent-ils se servir de votre cas comme d'une munition pour régler leurs comptes à l'entreprise ? Même si cette idée est déplaisante, il est préférable de s'y confronter pour éviter toute mauvaise surprise. Vous pouvez aussi répondre par l'affirmative et jouer avec ces liens, du moment que c'est en conscience et que vous gardez la main sur le jeu de pouvoir.

Les clients de l'entreprise ou les fournisseurs

Bien qu'étrangers à l'entreprise, ils peuvent influencer le processus selon la qualité de vos rapports. Vous devez alors les identifier et les utiliser selon leur capacité de service ou de nuisance.

Le médecin, généraliste ou psychiatre

Si vous êtes en arrêt maladie, ou que vous ressentez le besoin de l'être, votre médecin vous soutient-il dans votre démarche ? Jusqu'à quand va-t-il vous suivre et vous prescrire des arrêts de travail ? Là encore, il est préférable de le savoir.

Votre partenaire affectif

Ce peut être ici votre conjoint, un parent ou un ami. C'est une personne de grande confiance.

Ce partenaire affectif vous soutient-il dans votre démarche ? Quel est son avis au sujet de votre épanouissement professionnel ? De votre état de santé ? Est-il prêt à accepter le risque que vous vous retrouviez pendant quelques semaines ou mois sans activité ni rémunération ?

Ce dernier acteur est l'un des plus importants, à placer au même niveau que vous-même ou que votre interlocuteur dans l'entreprise.

Lors de mes accompagnements, je ne le rencontre jamais, mais il fait partie intégrante de la stratégie à plus d'un titre. D'abord pour obtenir une information plus objective de l'état de santé du client en l'interrogeant sur ce que pense ce partenaire de la situation. Ensuite, pour m'assurer que la stratégie que nous mettons en œuvre sera favorable au client, sans créer de dissonance dans son foyer. Enfin, pour être certaine que le client est bien accompagné au quotidien, car il vit nécessairement des moments de doutes, d'inquiétudes sur la situation présente et sur l'avenir incertain.

Bien que très présente et disponible, je ne peux être aux côtés de mes clients physiquement à toute heure du jour et de la nuit. Or, les angoisses apparaissent souvent au coucher du soleil ou au petit matin. Il est donc important d'être accompagné, soutenu.

Enfin, si le client, pris par ses angoisses et ses schémas, craint d'aller dans une direction, j'invoque ce partenaire, tel un Columbo inversé. Je demande alors de façon sibylline : « Votre femme/mari en pense quoi ? » La réponse venant toujours confirmer ma préconisation, j'emporte ainsi l'adhésion du client.

Votre équilibre affectif vous rendra plus performant dans la négociation.

Une fois cette identification des acteurs faite, il faut à présent réaliser la cartographie.

La création de la cartographie

Pour réaliser la cartographie, il faut partir des différents acteurs et identifier leurs relations et alliances, à l'instar des murs, dans les films policiers, sur lesquels sont accrochées des photographies reliées avec un fil de couleur, comme une sorte de toile d'araignée. Par exemple, votre supérieur hiérarchique pourrait avoir une influence significative sur la direction, ou certains collègues pourraient être en mesure de fournir un soutien ou des informations précieuses.

Cela peut vous aider à préparer vos arguments et à élaborer une stratégie de négociation qui tient compte des préoccupations et des intérêts de chacun. Cela vous permettra d'anticiper les attitudes et les réactions, mais aussi de développer une stratégie de communication adaptée à chaque acteur. Cela peut impliquer d'adapter votre message en fonction de leur intérêt et de leur niveau d'influence, ainsi que de nouer des alliances stratégiques pour renforcer votre position de négociation. Attention, le négociateur n'est pas forcément le décideur. Il faut donc penser à identifier les deux acteurs et trouver un discours qui puisse leur être commun.

Cette étape de préparation vous semble fastidieuse ? Elle est pourtant essentielle.

J'ai toujours pris le temps d'interroger mes clients, mais lorsque j'ai formalisé cette approche, j'ai gagné en qualité de travail. La préparation que m'offre la cartographie me permet d'être plus efficace, plus réactive et de mieux tirer les ficelles, dans l'intérêt du client.

Comprenez l'autre grâce au profilage

Maintenant que nous avons identifié les acteurs, il faut savoir comment s'adresser à eux. Vous ne pouvez adopter un seul style de communication pour tous. Il faut vous adapter, c'est la clé de la réussite, et personnaliser chaque approche. Pour cela, essayez de deviner leurs motivations, besoins et intérêts cachés.

La morphopsychologie

La morphopsychologie est une discipline, développée principalement par le psychologue français Louis Corman dans les années 1930, qui propose d'étudier et d'interpréter la personnalité d'un individu à partir des traits de son visage et de la forme de sa tête. Elle repose sur l'idée que les caractéristiques physiques, notamment les contours du visage et les expressions, peuvent refléter certains aspects de la psychologie et du comportement humain. L'honnêteté intellectuelle m'oblige à vous dire que la morphopsychologie, tout comme d'autres théories fondées sur la physionomie, est critiquée par la communauté scientifique en raison du manque de bases scientifiques solides et du risque de stéréotypage et de discrimination que peuvent entraîner de telles pratiques.

La morphopsychologie relève plus de l'art de l'observation et de l'interprétation que de la science empirique. Elle doit être utilisée comme un outil de compréhension et de réflexion plutôt que comme une méthode diagnostique rigide. Je vous invite à ne pas vous appuyer sur ces seules informations pour prendre des décisions importantes comme l'embauche, les promotions ou les relations affectives.

Les conseils que je vais vous livrer ici sont destinés à vous apporter une grille de lecture indicative. Elle n'est ni impérative ni unique, il faut souvent croiser les grilles et surtout toujours corroborer les hypothèses avec les comportements et réactions de l'individu observé.

Le format de ce livre ne permet pas de rentrer dans les détails, car ce n'est pas un ouvrage dédié au profilage, mais vous aurez quelques indications pour orienter votre stratégie et votre communication.

Je précise enfin qu'aucun jugement de valeur n'est porté sur les profils, chacun présentant ses avantages et inconvénients.

Le type corporel

Selon les théories de la morphopsychologie, le type corporel peut suggérer certaines dispositions psychologiques, ce qu'illustre l'adage « le corps est le reflet de l'âme ».

Le type corporel « large » est souvent caractérisé par une structure osseuse robuste, des épaules larges, un torse bien développé et un cou court. Ce type peut également présenter un visage plutôt large. Les individus qui répondent à ce type sont décrits comme tournés vers le monde extérieur, avec une sociabilité naturelle et une adaptation spontanée. Ils peuvent être perçus comme fiables, stables et sûrs. Ils sont ancrés dans le présent, avec une expression immédiate de leurs émotions et dotés d'un appétit solide. Enfin, ils sont pragmatiques et souvent bons gestionnaires de situations nécessitant une approche structurée.

Le type « longiligne » se caractérise lui par une silhouette élancée, des membres longs, et souvent un visage allongé, sur un cou plutôt long. Les traits peuvent être moins marqués que chez les types plus larges, et la stature générale est plus fine et plus étroite. Les individus qui répondent à ce type sont décrits comme tournés vers leur intériorité avec une forte inclination pour les activités intellectuelles, la réflexion et l'analyse. Ils possèdent une tendance à la sensibilité, tant au niveau émotionnel que sensoriel, ce qui peut se traduire par une grande empathie, mais aussi par une susceptibilité à l'overstimulation[11], ce qui explique aussi leur grande sélectivité tant dans le rapport à la nourriture qu'aux relations avec l'extérieur. Il leur faut d'ailleurs souvent un temps pour s'habituer aux autres, même s'ils sont souvent vus comme flexibles et capables de s'adapter rapidement à de nouvelles situations.

L'expansion du visage

Selon la morphopsychologie, notre visage peut être découpé en trois zones.

La zone supérieure, dite cérébrale, incluant le front, est associée à l'intellect, à la réflexion, à l'analyse et à la capacité de planification. Les personnes avec une zone cérébrale dominante sont souvent perçues comme intellectuelles, analytiques et orientées vers des activités qui nécessitent de la pensée abstraite, de la stratégie et de la planification. Elles peuvent avoir une forte curiosité intellectuelle et être intéressées par la compréhension des concepts et des idées ou de la spiritualité.

Les personnes disposant d'une zone cérébrale réduite seront davantage rigoureuses, méthodiques et techniques, elles suivent plutôt un raisonnement logique, voire une procédure.

La zone médiane, dite relationnelle, comprend le nez, les joues, la bouche et parfois les oreilles. Elle symbolise les capacités relationnelles, émotionnelles et sociales de la personne. Les individus avec une zone relationnelle proéminente tendent à valoriser les interactions humaines et sont souvent doués pour la communication et la gestion des relations. Ils peuvent être empathiques, charismatiques et bons à influencer ou à négocier avec les autres. Ils aiment éprouver des émotions et les partager, ce qui ne sera pas le cas de ceux dont cette zone est réduite.

Enfin, la zone inférieure, dite instinctive, le menton et les mâchoires, est liée aux instincts, aux besoins primaires, ainsi qu'à la dimension

---

11. L'overstimulation se produit lorsque trop de stimuli (sons, lumières, informations) saturent les sens ou l'esprit, causant stress, fatigue et difficulté à se concentrer.

physique et pratique de la vie. Ceux qui ont une zone instinctive dominante peuvent être orientés vers l'action et les plaisirs sensoriels, avec un goût du confort matériel. Ils peuvent avoir une forte volonté, être déterminés, et souvent efficaces dans les activités qui demandent de l'énergie physique ou une approche pragmatique. Ils aiment entreprendre, bâtir, développer, exercer leur pouvoir. Ils savent défendre leur territoire, contrairement à ceux dont cette zone est réduite.

Face à un interlocuteur qui dispose d'une zone cérébrale majeure, vous allez davantage parler de l'intérêt économique de votre départ, tandis qu'avec un émotionnel relationnel, vous chercherez à créer du lien. Avec un instinctif, vous penserez plutôt à formuler une proposition qui lui permette de bâtir et de développer son territoire, comme son département ou sa *business unit*.

La peau du visage

En morphopsychologie, la peau, l'épiderme, la texture des chairs et la carnation du visage sont observés et interprétés pour essayer de comprendre les traits de personnalité et les dispositions émotionnelles. En effet, la peau, en tant qu'organe sensoriel, donne des indications sur la sensibilité de son propriétaire.

D'abord la texture : si l'épiderme est fin, avec des pores fermés et une sensibilité, cela indique qu'il n'a pas de consistance pour amortir. Ainsi, les épidermes fins fonctionnent en bouclier, qui fait rapidement rebondir l'information pour la retourner vers l'expéditeur, pour se protéger, là où les épais vont permettre la réception de l'information.

Il en est de même avec les chairs. Une chair fine va réagir vite puisque l'information pénètre rapidement, sans amortissement, intensément, entraînant de la part de son propriétaire une réaction immédiate, avec véhémence. Il faut soigner la communication avec les personnes à chair fine, car elles ont tendance à l'hypersensibilité, à l'hyperémotivité et donc à des réactions fortes. À l'inverse, celles dont les chairs sont épaisses vont absorber les informations, de sorte qu'elles seront plus longues à réagir. Il faut alors leur montrer qu'elles sont entendues, prises en considération et respectées.

La morphopsychologie analyse également la tonicité de la peau. Une peau tonique, rebondie, dénote une réelle énergie chez ses propriétaires qui ont besoin que tout aille vite et qui sont en recherche de plaisir. Si vous communiquez avec ce genre de profil, il faut lui indiquer en une phrase les bénéfices qu'elle aura à négocier votre départ. Surtout, ne cherchez pas vos mots, ne soyez pas laborieux, préparez votre discours au préalable sous peine de l'agacer fortement.

En revanche, les personnes dont la peau n'est pas tonique sont plus posées et plus disponibles. D'ailleurs ce n'est pas anodin si, au fil des années, la peau se relâche et perd en tonicité. La peau suit la courbe d'énergie liée à l'âge… La fougue de la jeunesse laisse place à la sagesse de la maturité.

Cela se reflète également dans la carnation du visage. Là encore, tout ce qui est signe de vie illustre la vivacité. Ainsi, une carnation rosée ou rougeâtre renvoie à un tempérament dynamique, réactif, voire sanguin, tandis que la carnation claire réagit lentement, avec pondération. Le visage perdant de ses couleurs au fil des années, cela semble assez logique.

D'ailleurs, au cours du temps, ce qu'est une personne s'imprime sur son visage. Les rides vont exprimer la personnalité et le vécu de la personne : la ride du lion pour un anxieux, les pattes d'oie pour un jovial ou au contraire, les plis d'amertume pour un râleur…

Si on combine les deux derniers éléments, une personne avec une peau fine et une carnation pâle pourrait être vue comme mieux adaptée à des environnements professionnels moins stressants ou à des rôles nécessitant de la finesse et de la réflexion.

Les autres organes sensoriels du visage

Selon Cicéron, « si le visage est le miroir de l'âme, les yeux en sont l'interprète[12] ». Les yeux sont donc une source d'information très utile.

---

12. Cicéron, *De Oratore*, III, 22.

Grands et ouverts, ils suggèrent généralement l'ouverture, la curiosité, la sociabilité et la spontanéité. Les personnes avec de tels yeux aiment le plaisir, parler, manger, consommer. Celles possédant des yeux petits ou enfoncés présentent un caractère plus réservé ou observateur, davantage en analyse et en sélectivité.

Le nez est un autre organe sensoriel puissant. D'ailleurs, face à une situation incertaine, nous disons « je ne le sens pas ». C'est la preuve que le nez nous informe sur notre capacité à agir. Un nez petit, fin et pincé sera plus sélectif, car il ne veut pas tout sentir. Les personnes ayant subi une rhinoplastie afin d'affiner leur nez peuvent aussi rechercher par cette opération une meilleure protection entre l'extérieur et elles.

La bouche est un organe intéressant, car elle se situe entre la zone d'expansion relationnelle et de l'instinctif, elle assure l'articulation entre les deux. Une bouche grande et charnue exprime la convivialité, les échanges et le plaisir. Une bouche fine et étroite renvoie à une sélectivité tant dans le plaisir que dans les mots. Une bouche petite, serrée et fermée exprime un repli, une personne sous contrôle, qui parle peu et exprime peu ses intentions avec, de ce fait, des comportements difficiles à prévoir.

Une personne possédant une lèvre supérieure plus fine que l'inférieure, peut avoir des difficultés à exprimer ses besoins. À l'inverse, celle dont la lèvre inférieure est molle parle beaucoup, mais a du mal à se mettre en mouvement, elle est davantage dans l'attentisme et le plaisir facile.

En synthèse, l'ouverture des organes sensoriels démontre l'ouverture à l'autre, à l'information, avec une sélection moindre.

Une mâchoire forte et carrée indique généralement la ténacité, la détermination et parfois la domination. On parle bien d'une « mâchoire de requin ». Une mâchoire étroite ou moins prononcée, quant à elle, suggère une moindre inclinaison à la confrontation, une flexibilité.

Un menton proéminent est souvent associé à la volonté et à la persévérance. La preuve avec les Dalton et leur menton en galoche ! Tandis qu'un menton reculé ou petit indique une personnalité plus souple ou adaptable.

En combinant ces différents éléments, vous pouvez mieux cerner le profil psychologique de votre interlocuteur, ses intérêts et réactions potentielles afin d'adapter votre communication pour une meilleure négociation.

Adaptez la stratégie de négociation en fonction du profil de l'interlocuteur

Je vous propose ici deux outils, mais d'autres existent, tels le MBTI ou l'ennéagramme.

Les drivers de l'analyse transactionnelle

Dans l'analyse transactionnelle, une théorie de la psychologie développée par Éric Berne dans les années 1950, les *drivers*, ou « injonctions », désignent des messages internes qui influencent de manière profonde nos comportements, nos pensées et nos sentiments. Ces messages sont nos petites voix intérieures, transmises pendant l'enfance par les figures d'autorité, comme les parents ou les enseignants. Ils façonnent nos réactions et peuvent agir comme des directives inconscientes sur la façon dont nous devons nous comporter pour être acceptés ou valorisés.

La question est : « Quel est le comportement qui génère l'attention de mon parent, qui fait en sorte de maintenir la relation ? » Nous allons ensuite essayer de reproduire toute notre vie ce comportement en pensant qu'il va nous apporter l'attention dont nous avons besoin. Les drivers sont donc cette automatisation. Ils sont la source de certaines dynamiques relationnelles qui sont nécessaires et essentielles à notre fonctionnement.

Ils sont au nombre de cinq.

1. **Le « sois parfait ».** Il cherche la perfection dans tout ce qu'il entreprend. Il porte une grande attention aux détails et à une haute qualité de travail. Ce driver peut causer de l'anxiété,

du stress et une peur de l'échec. La posture du corps peut être rigide, la tenue toujours adaptée.

Quand ce message est trop présent, la personne peut être très stressée ou ne même pas commencer la tâche de peur de ne pas atteindre cet objectif inatteignable. Une fois dans la tâche, elle a du mal à décrocher, elle est sans limites et peut se perdre dans les détails.

Le « sois parfait » peut se reconnaître à ses « avant » : « Je ne peux pas m'amuser avant d'avoir fini de travailler. » Il existe toujours une condition préalable à remplir avant de pouvoir profiter ou se détendre. Il faut s'en être montré digne.

2. **Le « fais plaisir ».** Il encourage à mettre les besoins des autres avant les siens et cherche à être agréable pour espérer retenir l'attention. Il favorise l'harmonie dans les relations et la coopération, mais il peut oublier ses propres besoins et se retrouver ainsi en situation de frustration.

   Le « fais plaisir » peut se reconnaître à ses « après » : « Je peux ralentir le rythme aujourd'hui, mais je vais le payer cher après. »

3. **Le « fais des efforts ».** Il incite à travailler dur et à ne jamais abandonner, quelles que soient les difficultés.

   Il conduit souvent à la persévérance et à la résilience et peut entraîner de l'épuisement et un sentiment de ne jamais assez bien faire. Le « fais des efforts » est endurant et déterminé. Il mettra tout en œuvre pour réussir. C'est souvent un bon exécutant et son entourage lui reconnaît sa capacité de travail ainsi que son implication. La difficulté d'un chemin est ce qui fait sa valeur, bien plus que le résultat. Une réussite qui ne s'est pas faite dans la souffrance n'a que peu d'intérêt pour lui.

   Le « fais des efforts » peut se reconnaître à ses « toujours » : « Pourquoi c'est toujours aussi compliqué ? »

4. **Le « dépêche-toi ».** Il pousse à faire les choses rapidement et à être toujours actif de peur que l'autre ne se lasse ou ne s'en aille.

Il mène à l'efficacité et à la productivité, mais peut causer de la précipitation, des erreurs et un manque de profondeur dans le travail. Il est stressé et colérique, il ne profite jamais du présent et peut être sujet au burn-out.

Le « dépêche-toi » peut se reconnaître à ses « pas encore » : « Ce dossier n'est pas encore fini ? » ou « Tu en as encore pour longtemps ? ».

5. **Le « sois fort ».** Il encourage à ne pas montrer ses émotions ou sa vulnérabilité pour être digne d'intérêt.

   Il peut aider à maintenir le contrôle dans des situations difficiles. Les gens avec ce driver sont tenaces et capables de nombreuses choses. Ils obtiennent beaucoup dans leur vie et sont souvent proactifs, voire hyperactifs. Ce sont des meneurs et des sauveurs. Mais quand ce driver est trop présent, la personne peut sembler dure et insensible. Elle n'écoute ni le besoin de l'autre ni son propre besoin, ce qui peut la conduire à l'épuisement, qu'elle aura beaucoup de difficultés à admettre de ce fait.

   Le « sois fort » peut se reconnaître à ses « jamais » : « Je ne peux jamais relâcher la pression. »

Identifier les drivers est très utile. D'abord les vôtres pour comprendre le message qui vous gouverne, et savoir l'utiliser pour optimiser votre fonctionnement. Mais surtout celui ou ceux de votre interlocuteur, car vous n'allez évidemment pas aborder la négociation de la même manière avec un « dépêche-toi » ou avec un « fais des efforts ».

Un autre outil pour comprendre le mode de fonctionnement de votre interlocuteur est issu de la programmation neurolinguistique (PNL).

Les métaprogrammes de la PNL

La PNL, ou programmation neurolinguistique, est une approche de la communication, du développement personnel et de la psychothérapie, créée en Californie dans les années 1970 par Richard Bandler et John Grinder.

Selon la PNL, chaque individu perçoit le monde à travers ses propres filtres sensoriels, émotionnels et cognitifs. Ils influencent la façon dont nous trions, interprétons et réagissons à l'information qui nous parvient. La réalité est donc subjective et chaque expérience est unique, comme nous l'avons déjà démontré préalablement.

De ce fait, la PNL accorde une grande importance au langage corporel, aux tonalités de la voix et à d'autres signaux non verbaux dans la communication. Ces métaprogrammes aident à déterminer nos motivations, nos attitudes et nos comportements. En PNL, les comprendre peut être utile pour mieux communiquer avec les autres et pour se développer personnellement.

Il existe une dizaine de métaprogrammes, mais par souci de simplicité, je vais ici ne vous présenter que les principaux.

1. L'orientation vers un objectif ou un problème :
   - **Aller vers un objectif.** Certaines personnes sont principalement motivées par la réalisation de buts et d'objectifs. Elles se concentrent sur ce qu'elles veulent atteindre. Exemple : « Grâce à mon départ, vous allez pouvoir réduire la masse salariale et augmenter votre profit. »
   - **S'éloigner d'un problème.** D'autres sont motivées par la résolution de problèmes et se concentrent sur les obstacles à surmonter. Exemple : « Accepter mon départ va régler la difficulté relationnelle existant au sein du service. »
2. La réponse à un cadre de référence interne ou externe :
   - **Cadre de référence interne.** Les individus portés par ce métaprogramme se fient à leurs propres jugements et valeurs pour prendre des décisions. Exemple : « Vous savez que mon départ va vous permettre de réduire la masse salariale et augmenter votre profit. »
   - **Cadre de référence externe.** Ceux-là cherchent des avis et des confirmations externes pour se sentir sûrs de leurs décisions. Exemple : « Le conseil d'administration va réaliser que, grâce à mon départ, la masse salariale sera réduite et le profit de l'entreprise augmenté. »

3. L'orientation selon le niveau de généralité :
   - **Globale.** Les personnes pensent en termes de grandes idées et de concepts généraux sans se concentrer sur les détails. Exemple : « Grâce à mon départ, vous allez pouvoir réduire la masse salariale et augmenter votre profit. »
   - **Spécifique.** Ces individus se concentrent sur les détails et les spécificités. Exemple : « Grâce à mon départ, vous allez pouvoir réduire la masse salariale de 10 % et augmenter votre profit de 7 %. »
4. Le filtrage par possibilité ou nécessité :
   - **Possibilité.** Les personnes orientées sur les possibilités cherchent ce qui pourrait être fait, elles explorent des options nouvelles et innovantes. Exemple : « Grâce à mon départ, vous allez pouvoir recruter un nouveau profil, qui apportera une vision nouvelle. »
   - **Nécessité.** Celles orientées sur la nécessité se concentrent sur ce qui doit être fait, souvent guidées par des obligations ou des contraintes. Exemple : « Grâce à mon départ, vous allez pouvoir réduire la masse salariale et éviter un licenciement économique. »
5. L'orientation vers le passé, le présent ou l'avenir :
   - **Passé.** Les individus qui se concentrent sur le passé valorisent l'histoire et les expériences vécues pour prendre des décisions. Exemple : « Vous avez déjà pu constater par le passé que lorsqu'un salarié est démotivé, il est difficile de retrouver la confiance. »
   - **Présent.** Ceux qui se concentrent sur le présent sont engagés dans l'ici et maintenant et peuvent agir de manière spontanée. Exemple : « La situation est devenue compliquée au sein du service, comment pouvons-nous faire pour l'améliorer ? »
   - **Futur.** Ceux qui se concentrent sur le futur sont généralement motivés par des visions ou des objectifs à venir. Exemple : « Mon départ permettrait une réorganisation du service, pour l'optimiser. »

6. Le style de travail, options ou procédures :
   - **Options.** Les personnes aiment explorer diverses méthodes et alternatives. Exemple : « Nous pouvons envisager une mobilité interne ou externe. »
   - **Procédures.** Certaines personnes préfèrent suivre des méthodes établies et des processus. Exemple : « Il faudrait réfléchir au recrutement pour me remplacer, à la passation et ensuite, mon départ serait effectif. »

Là encore, vous avez plusieurs manières de comprendre l'autre pour adapter votre stratégie et votre communication.

Anticipez les stratégies potentielles de l'autre partie

Si vous prenez le temps de faire ce travail d'analyse complet et poussé de votre interlocuteur, en recoupant les grilles et les informations, vous serez en mesure d'établir sa *baseline*, c'est-à-dire son mode de fonctionnement de base, en temps normal.

Vous serez aussi peut-être en mesure d'identifier ses réactions potentielles en cas de chauffe du système, lorsqu'il sort de sa *baseline*. Et cela vous aidera également à anticiper ses stratégies potentielles.

Face à votre discussion de démarrage, votre interlocuteur peut adopter plusieurs stratégies :

- la meilleure est bien sûr celle de l'ouverture à la discussion. Dans ce cas, vous poursuivez votre travail en continuant de vous adapter ;
- de l'autre côté du spectre, vous avez le refus. J'y consacre toute une partie dans le chapitre 7 ;
- et entre les deux, vous avez une zone grise faite de non-dits et de silences.

Votre interlocuteur, s'il est mal à l'aise face au conflit, peut se montrer fuyant. Il ne va jamais répondre directement à votre demande ou il prétendra avoir oublié, promettra de vous répondre bientôt, mais rien ne se passera jamais. Pendant ce temps, vous ne savez pas comment agir ni de quelle manière vous positionner en interne ni en externe sur une éventuelle recherche d'emploi. Cela génère un stress considérable et un fort sentiment d'impuissance. Cette situation ne peut s'éterniser. À un moment, il faudra provoquer un mouvement chez l'autre en faisant appel à un tiers : avocat, syndicaliste ou la justice, ou en jouant l'arrêt maladie ou encore, en dernier recours, en démissionnant pour vous en sortir.

Votre interlocuteur peut aussi se cacher derrière un tiers, la hiérarchie ou l'entreprise, par exemple, ce qui peut le conduire à énoncer des phrases comme : « Tu sais bien que je te soutiens, mais le DRH/mon N+1 ne voudra jamais » ou encore « Tu sais bien que la société ne signe jamais de rupture conventionnelle homologuée ». Dans ce cas, vous devez d'abord vérifier l'information. Discrètement bien sûr, il ne doit surtout pas se sentir remis en cause. Si vous en avez la possibilité, essayez de vous rapprocher de cet élément bloquant, directement ou indirectement, pour comprendre si c'est un blocage de principe ou lié à votre personne ou encore à la période. Tâchez de recueillir le maximum d'informations pour comprendre ce qui bloque et comment débloquer la situation.

Par ailleurs, il est possible que la société ne conclue jamais de rupture conventionnelle homologuée, mais en revanche qu'elle négocie des départs. Sauf que dans ce cas, elle demande à ce qu'un protocole avec une clause de confidentialité soit signé. Ainsi, les salariés partis en négociant ne peuvent en parler et la société se cache derrière ce refus de la rupture conventionnelle, sans crainte d'être contredite par d'anciens salariés désormais muselés. La spécificité de votre dossier peut aussi éventuellement entraîner l'entreprise à vouloir négocier, à titre exceptionnel. Bref, on ne sait jamais à l'avance comment la société va réagir à une possible négociation. Ne vous fiez donc pas aux bruits de couloir. Accueillez-les comme un élément de plus dans votre préparation, mais un frein n'est pas une impossibilité tant que vous n'avez pas tout tenté.

Négocier est un jeu stratégique intense, avec une pluralité d'acteurs, de manches et aussi quelques pièges inattendus. Plus vous allez jouer, plus performant vous serez. Que vous soyez jeune joueur, averti, bon ou mauvais perdant, l'importance des enjeux recommande de vous faire assister pour cette partie.

TÉMOIGNAGE

Le cas de Marc

Lorsque Marc est venu me consulter, nous avons dressé ensemble la cartographie des acteurs.

Dans la rubrique « alliés », nous avons : son équipe, l'un de ses collègues, conseiller historique du grand patron, et la DRH d'une division.

Dans la catégorie des « moins bien » (sans être manifestement bloquants), nous avons le DRH d'une autre division.

Quelques mois après le début de notre collaboration, un acteur supplémentaire apparaît : le nouveau supérieur hiérarchique de Marc. À ce niveau de responsabilités, les enjeux sont importants et les ego réels. Ce supérieur se montre tendu à l'égard de Marc.

Si vous vous en souvenez, entre le premier rendez-vous et l'engagement de la stratégie de départ, quelques mois de flottement se sont écoulés, Marc ayant eu besoin d'un temps de maturation. Pendant cette période, il avait envisagé de rester au sein de la société. L'arrivée de ce supérieur qui, par une réorganisation, exclut Marc du comité exécutif et l'éloigne d'autres responsabilités, précipite son envie de départ.

Ce supérieur apparaît comme un acteur plutôt hostile. Et ce d'autant que, venant d'arriver, le départ de Marc, qui occupe un poste visible et important, pourrait être perçu très négativement et compromettre l'avenir de cette personne au sein de la structure. Nous jouons sur du velours, car comment avancer dans la négociation de départ sans pénaliser ce supérieur pour éviter qu'il ne nous pénalise en retour ? Nous savons qu'il n'acceptera jamais de se séparer de Marc à ce stade, même s'il lui envoie des signaux contradictoires. Or Marc, après plusieurs mois de tergiversation, veut désormais avancer rapidement.

Il faut donc que le message vienne d'en haut.

Nous avons mis en place une stratégie pour utiliser les alliés, en les impliquant dans une démarche commune, sur la base de leur objectif commun partagé, tout en neutralisant le nouveau responsable et le DRH qui lui est attaché, avec l'objectif ultime que Marc soit reçu par le grand patron du groupe en entretien pour lui vendre son projet. Vous savez, ce genre de multimilliardaire, très sollicité, qui ne perd pas son temps. Nos alliés ont murmuré à ses oreilles l'insatisfaction de Marc. Grand Patron, conscient de la valeur professionnelle et humaine de Marc, a demandé à le recevoir. Nous y sommes parvenus ! Notre objectif est atteint : Marc sera reçu par le décisionnaire ultime (qui n'est pas pourtant pas le négociateur).

Le travail reprend de plus belle ! Je me documente sur Grand Patron, très facilement puisque Internet regorge d'informations sur lui, afin de transmettre à Marc un axe de présentation de son projet avec des mots-clés, reposant sur les valeurs communes et un langage très ciblé. Je ne vous en dirai pas plus, vous disposez déjà de suffisamment d'indices. L'idée était que Marc lui propose un business en avant-première, excitant ainsi l'instinct de chasseur de Grand Patron.

Si Marc abordait l'entretien avec une certaine appréhension, mon anxiété était au moins aussi élevée pendant qu'il était dans son bureau. L'entretien a duré une heure (!) et Grand Patron s'est montré intéressé par le projet. Carton plein ! Je savais que le dossier était en bonne voie, que nous avions l'allié absolu et ultime dans notre poche, mais que nous devions continuer le travail et ne rien lâcher.

De fait, l'avocat de l'entreprise est ensuite entré dans la partie. Lors du premier échange téléphonique, face à ses tentatives

de minoration de la négociation, je lui ai rapidement dit que Marc avait été reçu par Grand Patron. Blanc au bout du fil, moment d'hésitation, il demande du temps pour se renseigner. Il me rappelle et les discussions reprennent sous un jour nettement plus favorable pour nous!
La négociation a été âpre, comme vous le découvrirez au fil des chapitres.

À retenir: les points clés du chapitre

- **Utilité du profilage:** comprendre le comportement des interlocuteurs pour mieux communiquer et négocier.
- **Cartographie des acteurs:** identifier tous les acteurs (alliés, bloquants, neutres) impliqués dans la négociation, pour élaborer une stratégie efficace.
- **Profil psychologique:** adapter les approches en fonction des traits psychologiques et physiques des interlocuteurs, en utilisant des techniques comme la morphopsychologie et l'analyse transactionnelle.
- **Stratégie adaptative:** personnaliser la stratégie de négociation fondée sur le profilage pour anticiper et répondre efficacement aux tactiques de l'autre partie.

PARTIE II

La négociation

La base d'une négociation réussie, une fois la préparation terminée, est la conduite de la relation. Le conflit va engendrer la négociation.

Négocier, ce n'est pas convaincre ni chercher à avoir raison, c'est induire le changement d'attitude chez l'autre. Cela n'implique pas un rapport de force, mais au contraire une collaboration vers l'obtention d'intérêts convergents.

CHAPITRE 6

Développez votre communication

L'influence passe par la communication, verbale et non verbale. Il faut donc que vous développiez ces compétences avant de pouvoir vous lancer dans la négociation.

Un voyage dans le souk de Marrakech pendant que j'écrivais ce livre a achevé de m'en convaincre : les meilleurs vendeurs sont de grands communicants.

Développez votre pouvoir d'influence

Le pouvoir détermine la dynamique de la négociation et influence les stratégies adoptées par les parties.

Comprenez et utilisez le pouvoir

Le pouvoir est un mot qui fait peur, car il est très souvent associé à la domination, à l'asservissement.

Or le pouvoir, comme l'influence ou le leadership, est un formidable outil pour emmener les gens vers une direction qui peut leur être bénéfique. Comme Martin Luther King et la conquête des droits civiques pour les Afro-Américains. A-t-il utilisé tout son pouvoir pour parvenir à ses fins ? Mille fois oui. Qui oserait aujourd'hui remettre en cause la sincérité de sa démarche ? Personne !

Le pouvoir coercitif

Il implique l'utilisation de menaces ou de sanctions pour obtenir ce que l'on veut. C'est celui utilisé par les dictateurs. Par exemple, un salarié pourrait menacer de poursuivre l'entreprise s'il estime que son départ n'est pas traité équitablement.

Le pouvoir de récompense

C'est la capacité à offrir quelque chose de valeur à l'autre partie. Un employeur, par exemple, pourrait offrir une indemnité de départ généreuse pour encourager un salarié à accepter un accord à l'amiable.

Le pouvoir d'expertise

Ce type de pouvoir s'appuie sur les compétences ou les connaissances que possède une partie et que l'autre ne possède pas. Un avocat spécialisé en droit du travail, par exemple, détient ce type de pouvoir lorsqu'il négocie des départs pour ses clients, grâce à sa compréhension approfondie de la législation et des pratiques du marché.

Le pouvoir de référence

Il provient de l'admiration ou du respect qu'une partie inspire à l'autre. Si un salarié est particulièrement estimé et respecté au sein de l'entreprise, il peut utiliser sa réputation pour influencer les conditions de son départ.

Le pouvoir légitime

Il est fondé sur la position ou le rôle officiel d'une personne. Par exemple, un directeur des ressources humaines a le pouvoir légitime de négocier les conditions de départ au nom de l'entreprise.

Une fois que vous avez identifié votre type de pouvoir, vous pouvez l'utiliser de manière stratégique. Par exemple, si vous détenez un pouvoir d'expertise, vous devriez préparer et utiliser des données et des faits précis pour renforcer votre position. Il en est de même pour le type de pouvoir exercé par l'autre partie. Cela vous aidera à anticiper ses mouvements et à développer des contre-stratégies efficaces. Cela vous aidera également à communiquer efficacement.

Communiquez efficacement pour la négociation

« Les mots sont, bien sûr, la drogue la plus puissante utilisée par l'humanité », disait Rudyard Kipling.

C'est vrai, mais incomplet : des mots seuls sont insuffisants. Les orateurs sont bons lorsqu'ils font appel à toutes les techniques de communication avec le langage verbal et non verbal.

Il existe plusieurs techniques, issues de la PNL (programmation neurolinguistique, vue dans les chapitres précédents) pour vous aider à communiquer plus efficacement en général et qui seront particulièrement utiles dans le cadre de votre négociation.

Influencez par la synchronisation

Les gestes miroirs, ou la technique du *mirroring* en anglais, consistent à imiter subtilement la posture corporelle, les mouvements, le langage, ou même les expressions faciales de l'interlocuteur pendant une conversation. Cette technique est fondée sur le principe que la similarité dans le comportement favorise la confiance et l'empathie entre les personnes.

Le but de la synchronisation est d'augmenter la surface de compréhension commune de la situation que l'interlocuteur perçoit afin d'augmenter la qualité relationnelle. Elle implique un non-jugement, un accueil de la réalité de l'autre et fonctionne de plusieurs façons.

L'imitation subtile

Lorsque vous pratiquez le *mirroring*, il est crucial de le faire de manière discrète et naturelle. Par exemple, si votre interlocuteur croise les bras, vous pourriez faire de même quelques instants plus tard, mais sans copier immédiatement ou de manière trop évidente chaque geste. Sinon, ça entraînera l'effet contraire à celui souhaité, à savoir une dégradation de la relation.

L'adaptation au langage et au ton vocal

Le *mirroring* peut aussi inclure la synchronisation à la vitesse de la parole de l'autre personne, à son volume ou à son ton. Parler doucement à quelqu'un qui parle doucement ou utiliser des phrases similaires peut renforcer la connexion. Inutile d'adopter le même accent que votre interlocuteur, il pourrait penser à une moquerie.

La réflexion des expressions faciales

Répondre avec des expressions faciales analogues, comme sourire quand l'autre sourit, ou partager son inquiétude peut également créer un lien et améliorer la communication. En revanche, pas question d'être dans la surenchère si votre interlocuteur s'énerve. Au contraire, restez le plus calme possible.

La synchronisation aide à établir la confiance en montrant de la sympathie et de l'empathie. En reflétant les gestes de votre interlocuteur, vous envoyez un signal non verbal indiquant que vous êtes sur la même longueur d'onde, ce qui peut le rendre plus ouvert et plus réceptif à vos propositions ou à vos idées. C'est d'ailleurs un biais qui influence souvent les processus de recrutement.

Cette technique peut aussi améliorer l'efficacité de la communication en rendant l'échange plus fluide et moins formel. Lorsque les gens se sentent à l'aise dans une interaction, ils sont davantage susceptibles de partager ouvertement leurs pensées, leurs sentiments et des informations utiles, ce qui est crucial pour une négociation réussie.

Bien que le *mirroring* puisse être extrêmement utile, il doit être utilisé avec discernement pour éviter de paraître artificiel ou manipulateur. Il est important de toujours rester authentique dans vos interactions et de ne pas exagérer le *mirroring* au point qu'il devienne contre-productif.

La reformulation

La reformulation est une technique de communication essentielle en PNL, utilisée pour s'assurer que le message de l'interlocuteur est compris correctement et pour renforcer la relation entre les communicants, en faisant preuve d'empathie.

L'écoute active

L'écoute active, c'est plus qu'entendre les mots de votre interlocuteur ; elle implique une compréhension profonde de ses messages verbaux et non verbaux.

Prêtez une attention totale à ce que dit l'interlocuteur. Utilisez des signaux non verbaux, comme les hochements de tête et des phrases comme « Je comprends » ou « Je vois ». Un simple « Mmm » en guise d'assentiment permet à l'autre de se sentir entendu.

Pour cela, il faut déjà écouter sans interrompre. Laissez votre interlocuteur terminer ses pensées sans le couper, en affichant ainsi respect et attention. Cela semble évident, mais il peut être tentant de réagir à vif ! Surtout si vous avez un esprit qui comprend vite.

Vous pouvez aussi encourager votre interlocuteur à s'exprimer en posant des questions ouvertes. Par exemple : « Vous me dites que mon départ serait problématique pour le service, mais pouvez-vous m'en dire plus ? »

La validation des sentiments

Lors d'une reformulation, il est souvent utile de reconnaître et de valider les émotions de l'interlocuteur. S'il semble frustré ou anxieux, reconnaissez ses émotions par des phrases comme : « Je vois que cette situation est vraiment stressante pour vous. »

La clarification

La reformulation peut aider à clarifier des points ambigus en répétant ce que l'interlocuteur a dit avec ses propres mots ou en le paraphrasant. Cela permet de s'assurer que vous avez la même compréhension des termes discutés.

Montrez que vous avez compris en résumant ou en reformulant les points clés de ce que l'autre a dit, par exemple : « Si je comprends bien, vous êtes inquiet au sujet de mon départ. »

La reformulation est un outil qui permet d'éviter les incompréhensions à l'origine de tensions et de conflit. Et parfois, en reformulant, l'autre réalise que sa position n'est pas tenable et réajuste spontanément. C'est donc toujours bénéfique de reformuler lors de discussions importantes.

En outre, lorsque vous reformulez ce que dit l'autre, mais en éliminant tout ce qui est excessif, inutile, agressif, etc., vous recentrez la discussion sur les vraies questions.

Le métamodèle

Le métamodèle est un ensemble d'outils linguistiques conçu en PNL pour questionner et améliorer la communication. Il aide à clarifier le langage vague, à explorer les croyances implicites et à améliorer la précision dans la communication.

Les questions de clarification

Si la reformulation permet de clarifier par la répétition, ici, vous allez interroger l'autre. Ces questions sont utilisées pour obtenir plus de détails sur des déclarations vagues ou générales. Par exemple, si quelqu'un dit : « Je suis malheureux au travail », une question de clarification pourrait être : « Qu'est-ce qui vous rend malheureux précisément ? »

Plus vous aurez d'informations, plus vous aurez d'arguments pour obtenir un accord en votre faveur. C'est la raison pour laquelle vous devez encourager la discussion en posant des questions ouvertes, qui demandent plus qu'un simple « oui » ou « non », telles que : « Quelles sont vos principales inquiétudes au sujet de mon éventuel départ ? »

Le défi des présuppositions

Le métamodèle permet de défier les présuppositions non examinées qui peuvent être implicites dans le langage. Si quelqu'un dit : « Je n'ai pas le choix », une question pertinente pourrait être : « Qu'est-ce qui vous fait penser que vous n'avez pas d'autres hypothèses ? » Cela permet d'ouvrir les horizons de l'interlocuteur pour explorer d'autres options ensemble.

L'élimination des généralisations excessives

Le métamodèle aide aussi à contester et à affiner les généralisations, comme dans les affirmations : « Tout le service me déteste. » Une réponse appropriée serait : « Pouvez-vous penser à quelqu'un qui ne vous déteste pas ? » L'interlocuteur est ainsi orienté sur une vision plus positive de la situation, ce qui améliore sa capacité à être réceptif à vos demandes.

L'écoute ne sert pas à répondre à la partie adverse. Écouter sert à comprendre et donc à utiliser les arguments de l'autre comme outils de persuasion.

La négociation ne se résume bien évidemment pas à poser des questions, mais de bonnes questions permettent d'obtenir de bonnes réponses et de mieux comprendre l'autre, et ainsi de parvenir à identifier un objectif commun partagé.

Une fois que vous avez appris à écouter et à interroger l'autre, il est temps de communiquer à votre tour. Évidemment, vous avez des outils pour cela. Je vous en livre plusieurs.

La communication non violente

Outre la PNL, il existe une autre technique dont vous avez certainement déjà entendu parler : la communication non violente (CNV), développée par le psychologue américain Marshall Rosenberg dans les années 1960. Cette méthode de communication et de résolution des conflits repose sur quatre principes essentiels :

1. **L'observation sans jugement et la description objective des faits sans ajouter d'interprétations ou de critiques.** Par exemple, au lieu d'asséner un jugement en disant : « Vous ne voulez pas reconnaître mon ancienneté pour me proposer une indemnité que je juge décente », vous exprimerez une observation : « J'ai remarqué que le *package* de départ proposé ne tient pas compte de mes dix années de service dans l'entreprise. »
2. **L'identification et l'expression des émotions par rapport aux faits observés. Utilisez des phrases qui commencent par « Je me sens... » pour exprimer vos émotions.** Par exemple, au lieu d'être très affirmatif, mais flou en disant : « Je suis vraiment déçu », vous exprimerez vos sentiments : « Je me sens déçu et sous-estimé. »
3. **L'identification des besoins sous-jacents, c'est-à-dire les besoins fondamentaux qui sont à l'origine de vos sentiments.** Par exemple, au lieu de rester vague en disant : « Je mérite mieux », vous allez exprimer votre besoin : « J'ai besoin de sentir que mes contributions et ma fidélité à l'entreprise soient reconnues. »
4. **La formulation de demandes claires, concrètes et réalisables pour répondre à vos besoins.** Les demandes doivent être spécifiques et positives, et non des exigences ou des ultimatums. Par exemple, remplacez une exigence : « Vous devez améliorer mon *package* de départ » par une demande : « Serait-il possible de réévaluer le *package* de départ pour inclure une reconnaissance de mes années de service ? »

Pour une meilleure compréhension, j'imagine l'annonce d'un départ en mode CNV.

1. **Observation.** « J'aimerais vous parler de quelque chose d'important. Depuis plusieurs mois, j'ai remarqué que je ressens un manque de motivation et d'engagement dans mon travail. »
2. **Sentiment.** « Cela me rend vraiment frustré et insatisfait, car je tiens à contribuer de manière significative au bon fonctionnement de l'entreprise et à rester passionné par ce que je fais. »
3. **Besoin.** « J'ai besoin de sentir que mon travail a un impact positif et que je suis aligné avec mes objectifs professionnels et personnels. »
4. **Demande.** « Pour ces raisons, j'aimerais discuter avec vous de pistes éventuelles pour que mes besoins et ceux de l'entreprise soient remplis. »

Voyez comment la CNV permet facilement d'exprimer les préoccupations et besoins de manière claire et respectueuse, favorisant ainsi une négociation plus constructive et positive, sans risquer de provoquer une réaction trop vive de l'interlocuteur.

La CNV n'empêche pas de s'affirmer, d'être assertif.

Soyez assertif

L'assertivité vous permet de défendre votre position, vos enjeux, de manière respectueuse et efficace, sans nier la position de l'autre. Être assertif, ce n'est pas avoir le dessus sur l'autre. Au contraire, l'assertivité est basée sur l'écoute et l'échange permanent, qui doit être respectueux. Elle est particulièrement utile dans les négociations, car elle vous permet de rester ferme et juste.

Pour vous aider, je vous propose quelques formulations pour une communication assertive :

- « Je comprends votre position, mais j'aimerais explorer une alternative qui pourrait être bénéfique pour nous deux. »

- « Je vous remercie de votre proposition, qui me semble très encourageante pour la suite des discussions et que j'aimerais retravailler avec vous. »
- « J'apprécie vos efforts pour trouver une solution, mais je dois insister sur le point suivant qui est crucial pour moi. »
- « Pouvons-nous envisager cette option qui est bénéfique pour tous les deux ? »

Communiquer de façon efficace et influente, c'est savoir écouter, interroger, s'affirmer et aussi maîtriser l'art du silence.

Le silence

Le silence est une technique de communication puissante, particulièrement dans le contexte de la négociation. Loin d'être simplement une absence de parole, il doit être utilisé stratégiquement. « Le silence est un véritable ami qui ne trahit jamais », disait Confucius. Souvent, les personnes qui parlent beaucoup masquent une fébrilité, une peur ou une insécurité.

Vous n'avez aucun intérêt à passer pour un être fébrile dans le cadre d'une négociation. Au contraire, vous devez apparaître comme une personne sûre d'elle-même, de ses décisions, d'où l'assertivité. Le silence vous aidera à adopter cette posture. La personne qui parle le plus est celle qui se livre le plus, et donc celle qui transmet le plus d'informations. Or, vous avez besoin de recueillir les informations qui vous permettront de nourrir la stratégie et l'argumentation, socles de la négociation.

Le silence sert à temporiser le rythme des échanges, ce qui peut être crucial si la discussion devient trop intense ou émotionnelle. En ralentissant la conversation, les parties peuvent prendre le temps de se calmer et d'aborder les problèmes plus sereinement.

Vous taire vous offre plus de disponibilité sensorielle pour observer et évaluer l'autre partie, ses réactions non verbales, ses hésitations, et ses émotions, ce qui vous donne des informations précieuses sur ses véritables intentions ou préoccupations.

Le silence crée aussi un espace pour la réflexion, ce qui est utile, surtout pour vous, afin d'adapter votre stratégie. D'ailleurs, si votre interlocuteur exprime des blocages pour la négociation, l'écouter attentivement et silencieusement montre que vous prenez au sérieux ses préoccupations, sans pour autant y souscrire, créant ainsi de l'empathie et du lien.

Le silence permet également de ponctuer votre discours et de mettre de l'emphase dans les moments importants. D'ailleurs, les tribuns l'utilisent beaucoup. Après avoir fait une déclaration importante, rester silencieux lui confère plus de relief.

Enfin, à mon sens, l'intérêt majeur du silence réside dans la pression psychologique qu'il génère. Beaucoup de gens sont mal à l'aise avec le silence, surtout dans un cadre formel ou sous tension, et peuvent se sentir obligés de le remplir en parlant, parfois à leur désavantage.

Bien utilisé, le silence peut s'avérer un outil de négociation extrêmement efficace. Cependant, il est important de savoir quand l'utiliser et de le faire de manière appropriée à la culture et au contexte. Mal utilisé, il semblera maladroit ou même hostile, ce qui peut nuire aux relations et à l'issue de la négociation.

La négociation, c'est 80 % d'écoute et 20 % de dialogue

Lorsque je prépare le script du premier entretien pour mes clients, j'y insère toujours des « ... », signes d'une pause aux endroits stratégiques.

Maintenant que vous avez quelques clés pour développer votre pouvoir d'influence vis-à-vis de l'autre, il vous reste à travailler sur vous, pour vous préparer à l'entretien.

La visualisation

La visualisation est une technique de PNL utilisée pour influencer les pensées, les émotions et les comportements, par la création ou la modification d'images mentales. En pratiquant la visualisation, vous vous placez dans un état émotionnel de succès. Il est impossible de réussir une action si vous l'envisagez de façon négative.

Cela peut vous sembler bizarre ou enfantin, mais elle a fait ses preuves. D'ailleurs, elle est utilisée par les plus grands sportifs et leurs entraîneurs avant des compétitions. Et un négociateur est un sportif de haut niveau, qui doit adopter la même discipline et hygiène de vie pour conserver toutes ses facultés mentales et physiques.

La création d'images positives

Cette méthode consiste à encourager l'individu à imaginer vivement une situation désirable pour renforcer la motivation et la confiance en soi. Par exemple, vous vous visualisez pendant l'entretien, confiant et sûr de vous, ou en train d'encaisser le chèque de départ.

La modification des souvenirs négatifs

La visualisation peut aussi être employée pour altérer le souvenir d'expériences négatives, en les remplaçant par des images plus neutres ou positives, ce qui peut aider à réduire l'anxiété associée à ces souvenirs. Par exemple, si le stress vous a fait perdre vos moyens pendant un entretien avec votre supérieur et que vous appréhendez une nouvelle discussion avec lui, remplacez ce souvenir par d'autres entretiens qui se sont mieux déroulés.

L'entraînement mental

En visualisant régulièrement des compétences ou des comportements spécifiques, une personne peut mentalement s'entraîner à améliorer ses compétences, comme un musicien qui s'imagine jouer parfaitement une pièce difficile. Plus vous allez vous entraîner et répéter dans votre esprit le script de l'entretien, meilleur vous serez.

Ces techniques de la PNL, lorsqu'elles sont bien appliquées, peuvent considérablement améliorer la qualité de la communication et l'efficacité de votre négociation. Essayez-les à la maison, votre entourage me remerciera !

Vous voilà dans la posture d'un bon communicant ; maintenant, préparez-vous à adopter la stature d'un négociateur.

TÉMOIGNAGE

Le cas de Max

Max, 43 ans, occupe les fonctions de responsable marketing et digital marketing depuis deux ans au sein d'une entreprise ayant racheté sa propre société.
Il m'a contactée une première fois en avril puis, réalisant qu'un départ à ce moment-là lui ferait perdre trop d'actions de sa société, notre collaboration a été repoussée à septembre.
Nous préparons son premier rendez-vous avec le directeur juridique dans l'objectif qu'il mentionne mon intervention.
L'entretien se déroule conformément à nos plans.
Quelques jours après, je reçois le courriel suivant :
« Je vous écris en ma qualité de directeur juridique de X au sujet d'un collaborateur du groupe, Max – je comprends de mon collègue Dan (DRH du groupe) en copie qu'il vous a mandatée dans le cadre des discussions en cours.
Seriez-vous disponible pour un call d'introduction en début de semaine ? »
Un samedi à 19 h 59.

J'ai répondu dans la foulée, soit à 20 h 09 :
« Je vois que vous et votre collègue Dan travaillez à des horaires peu orthodoxes… Si vous voulez, je connais un bon avocat en droit du travail.
En effet il m'a désignée.
Je suis à votre disposition quand vous le souhaitez.
Au plaisir de vous parler.
Bon week-end et reposez-vous ! »

Comme vous pouvez le lire, j'ai manié l'humour pince-sans-rire pour immédiatement placer les discussions sur un plan détendu. Cependant, cela implique de montrer par la suite du courriel le professionnalisme, la disponibilité et l'implication qui m'animent, ainsi qu'un aspect plus chaleureux pour prouver le caractère humoristique de la première phrase. C'est une approche à manier avec beaucoup de précautions et qui demande de la réflexion, d'où les dix minutes écoulées, à bien peser et soupeser chaque mot.
Il m'a répondu à 20 h 15 :
« Merci pour votre retour rapide !
Je garde(rai) précieusement à l'esprit votre recommandation sur les horaires de travail ! Et même si vous êtes avocate/profession libérale, je l'ai été suffisamment longtemps pour penser que même les avocat(e)s devraient également ne pas travailler à des horaires aussi peu orthodoxes 😊.
Je vous appellerai donc lundi (après-midi), et vous souhaite un magnifique WE d'ici là. »

Nous avons échangé au téléphone pendant la semaine, puis la négociation s'est réglée en 24 h le week-end suivant (je me fixe comme règle de couper pendant les week-ends pour préserver ma santé, mais quand une ouverture se présente pour boucler un dossier, je fonce).
Leur avocate est ensuite intervenue dans les discussions, uniquement pour formaliser les termes de l'accord conclu entre le directeur juridique et moi. Elle m'a demandé comment j'avais réussi à obtenir autant, bien plus qu'elle leur aurait conseillé s'ils l'avaient contactée avant. Le secret ? Vous l'avez compris, c'est une communication ouverte pour faciliter les échanges ! Voyez comment être sympathique peut rapporter gros !

À retenir : les points clés du chapitre

- **Utilisation du pouvoir :** employer différents types de pouvoir pour influencer les négociations.
- ***Mirroring*** **:** adapter vos gestes et votre langage pour créer une connexion et augmenter la confiance avec l'interlocuteur.
- **Communication non violente :** observer objectivement, exprimer ses sentiments, identifier les besoins, et formuler des demandes claires.
- **Assertivité :** exprimer clairement et respectueusement vos besoins tout en restant réceptif à ceux des autres.
- **Silence :** utiliser le silence comme outil stratégique pour contrôler la conversation et mettre en valeur les points importants.
- **Visualisation :** utiliser des techniques de visualisation pour renforcer la confiance en soi avant les négociations.

CHAPITRE 7

Négociez comme un pro

Un bon négociateur fait preuve d'écoute, d'humilité, d'empathie, de rigueur, de fermeté, mais aussi de souplesse et de capacité d'adaptation, grâce à une excellente préparation.

Il dispose d'une intelligence émotionnelle qui lui permet de garder la tête froide pour couvrir les enjeux définis.

Choisissez le style de négociation qui vous convient

Il existe globalement trois styles de négociation. Il est intéressant de les connaître pour identifier celui qui vous correspond le mieux et qui s'avérera le plus efficace dans votre situation, même si je plaide pour le troisième.

La négociation compétitive (ou distributive)

Elle se caractérise par une approche compétitive où les parties s'efforcent d'obtenir le maximum d'avantages pour elles-mêmes, souvent aux dépens de l'autre partie. Les tactiques courantes incluent la dissimulation d'informations, les ultimatums et les pressions pour obtenir des concessions. Elle est peu éthique et génératrice d'une rupture (soit la négociation est refusée, soit vous avez des résultats, mais dans les deux cas, la relation est rompue). En outre, elle peut contribuer grandement à ternir votre réputation. Je la rejette donc.

La négociation coopérative (ou intégrative)

Par une approche coopérative, les parties cherchent à maximiser les gains mutuels en travaillant ensemble pour trouver des solutions créatives et satisfaisantes pour les deux parties. Les tactiques courantes incluent le partage d'informations, la recherche de compromis et la collaboration pour résoudre les problèmes. C'est un style éthique, mais dont les résultats sont moindres.

La négociation compétitive coopérative (ou de coopétition)

La coopétition est un terme issu de la fusion des mots « coopération » et « compétition ». Ce style de négociation combine des éléments des styles compétitif et coopératif, où les parties cherchent à la fois à maximiser leurs propres gains et à trouver des solutions mutuellement satisfaisantes. Les tactiques courantes incluent la recherche de compromis tout en défendant fermement ses propres intérêts. Le style est aussi éthique, mais avec des résultats élevés puisqu'il permet de passer d'une situation de compétition à une situation de coopération d'opportunité, ce qui en fait ma préférée. Et accessoirement celle de Bill Gates pour qui « la collaboration est la clé de toute réussite ».

À vous à présent de choisir celle dont le style est le plus proche de vous et qui vous permettra d'obtenir les meilleurs résultats.

Mais avant de vous lancer dans la négociation, laissez-moi démentir les croyances les plus courantes sur la négociation.

Les fausses bonnes idées

Le kit du négociateur de supérette compte plusieurs conseils à ne surtout pas suivre.

«La négociation est un rapport de force»

Nombreux sont encore ceux à le croire. Ce n'est pourtant pas le cas, si tant est que ça ne l'ait jamais été. Je me souviens, lors d'un dîner, avoir expliqué à une connaissance mon métier et ma façon très psychologique de l'aborder. Cette personne, éminent avocat en droit des affaires, m'a répondu que la seule psychologie en matière de négociation était l'attaque, de dégainer le premier, et de taper fort.

Sans aborder la question de l'âge (bon, il a plus de 65 ans), c'est une vision archaïque et dépassée. Depuis longtemps. En gros, depuis que l'homme a appris à parler et non plus à taper avec son gourdin.

L'expérience démontre que les meilleures négociations sont celles qui se mènent avec une vision à long terme, dans une démarche compétitive/coopérative et que la puissance ne se trouve pas dans la démonstration de force (pour pratiquer la musculation à la salle de sport, je le constate souvent). Parfois, en laissant à l'autre le monopole de la force, il a l'illusion du pouvoir. Un moustique peut importuner un molosse.

«Il faut faire preuve de fermeté»

Là encore, la méthode de Harvard donne une autre direction. En séparant les enjeux/problèmes des parties, le rapport entre elles change et l'issue aussi, la plupart du temps.

Pour vous expliquer très brièvement, la méthode de la négociation raisonnée met l'accent sur la recherche de solutions mutuellement satisfaisantes en se concentrant sur les intérêts fondamentaux des parties plutôt que sur leurs positions. Elle repose sur quatre principes clés : l'identification des intérêts, la génération d'options, l'utilisation de critères objectifs et l'évaluation des alternatives (la fameuse MeSoRe).

Cette méthode encourage la communication ouverte, la compréhension mutuelle et la recherche de solutions créatives pour parvenir à des accords durables et équitables.

Elle préconise d'être ferme et rigoureux lorsqu'il s'agit de discuter des questions et des intérêts en jeu, tout en restant respectueux, empathique et attentif aux besoins et aux sentiments des personnes impliquées (« ferme sur les demandes, mais souple avec les gens » ou en anglais « *hard on the issues and soft on the people*[13] »).

En d'autres termes, cela signifie que lors d'une négociation, il est important de défendre fermement ses positions, de poursuivre ses intérêts et de chercher des solutions qui répondent à ses besoins, tout en maintenant des relations positives avec les autres parties. Cela implique de séparer les problèmes des personnes, en évitant les attaques personnelles, les critiques ou les conflits interpersonnels, et de favoriser plutôt un climat de collaboration et de respect mutuel.

En appliquant ce principe, les négociateurs peuvent mieux gérer les tensions et les désaccords liés aux questions en jeu, tout en préservant les relations interpersonnelles, ce qui contribue le plus souvent à un processus de négociation plus efficace et à des résultats plus durables. Autant de concepts et d'objectifs que vous retrouvez tout au long de ce livre.

Pour ma part, j'ai toujours abordé la négociation avec douceur, mais avec fermeté : la force douce. Pour reprendre une expression que j'aime beaucoup et qui illustre parfaitement cela : « Une main de fer dans un gant de velours. » Jusqu'à ce qu'en 2013, Ange, un client me parle de la négociation raisonnée d'Harvard (vous allez retrouver son cas bientôt).

En lisant le livre d'Ury, de Fisher et Patton, je me suis rendu compte que j'appliquais déjà spontanément ces principes. Cela m'a permis d'approfondir et de perfectionner cette approche qui est, à mon sens, celle qui livre les meilleurs résultats.

Pour poursuivre les métaphores, une phrase que j'aime beaucoup et que je transmets souvent à mes clients, car elle illustre très bien cette approche est : « Ne mords pas la main qui te nourrit. » Regardez dans votre environnement familial. Si votre enfant exige de vous un jouet en

13. Roger Fisher, William Ury et Bruce Patton, *op. cit.*

tapant du pied, vous serez peu enclin à le lui accorder. En revanche, s'il vient et vous caresse dans le sens du poil, en vous disant « Mon petit papa chéri ou ma maman d'amour », non seulement vous lui donnerez ce qu'il demande, mais vous en rajouterez ! Du moins, j'espère, pour ne pas être la seule à me faire avoir ! Sur la même demande, la forme de l'approche change radicalement le résultat.

Je me souviens avoir déjeuné avec un avocat en droit social côté employeurs, c'est-à-dire qu'il ne défend que des entreprises, à qui je parlais de mon approche. Il m'a alors confirmé que c'était beaucoup plus constructif et efficace que d'être dur, ce qui est le cas de certains avocats de salariés. Il m'a notamment parlé d'un avocat qui se montre agressif dans l'approche, ce qui, désormais, entraîne un refus systématique de toute discussion de la part de l'entreprise.

Donc non seulement être dur ne paie pas, mais surtout être aimable s'avère redoutablement efficace. Ce qui explique que j'arrive à un accord négocié dans 95 % de mes dossiers.

« Je dois gagner, c'est une question de principe »

Une question de principe, c'est de la rigidité, de la fermeté et c'est donc incompatible avec l'adaptabilité nécessaire à une bonne négociation. En matière de souplesse, nous pouvons faire confiance à Bruce Lee pour qui « la rigidité est signe de mort, la flexibilité est signe de vie ».

Cela révèle surtout un ego mal placé. Mettre son ego de côté ne signifie pas vous humilier, renoncer, vous abaisser. Ça veut seulement dire ne pas mettre un amour-propre excessif dans la négociation, car dans ce cas, vous allez transformer une simple discussion en point d'honneur. Cela vous entraînera à n'accepter aucune concession et même après avoir rempli l'enjeu et l'objectif poursuivis, à chipoter pour des détails et donc à risquer de compromettre la négociation.

Si vous sentez que vous êtes en train de vous enfermer dans la négociation, interrogez-vous pour savoir si le détail bloquant mérite de rompre la négociation et de perdre l'enjeu global. Un mantra que vous devez adopter et vous répéter jusqu'à la fin est « Pas d'ego en négo ».

Si vous êtes accompagné, ce sera plus simple, car le professionnel saura vous signaler lorsque l'ego s'en mêle. Pas d'ego de la part du négociateur donc, qui se met au service du client. Et lui, *a priori*, s'il est bon négociateur, sera au service de vos intérêts et non de son ego.

Casser l'ego

Faut-il pour autant renoncer à tout ego ? Pas du tout, la négociation impose de composer avec les ego respectifs.

Si j'aime autant la négociation de cadres dirigeants, au point d'avoir voulu me dédier exclusivement à cela, c'est aussi à cause de l'ego. Plus vous montez dans l'échelle hiérarchique, plus la négociation doit être diplomatique et concilier les ego. C'est un élément supplémentaire à prendre en considération, qui demande encore plus de psychologie, véritable composante de la négociation.

Dans l'objectif de constamment me perfectionner aux compétences de la négociation, je me suis formée auprès d'un ancien membre des forces d'intervention qui était négociateur dans des situations très tendues (ex. : prise d'otages). Après lui avoir parlé du sujet de la négociation, il m'a conseillé de casser l'ego de mon client pour l'amener à réduire ses prétentions financières et pour qu'il accepte les propositions faites. Selon lui, les clients ont souvent une image d'eux-mêmes trop bienveillante, ils s'illusionnent sur leurs compétences (le fameux biais de subjectivité), et cette haute estime d'eux-mêmes les pousse à avoir des attentes excessives.

Cette proposition m'a tellement outrée que j'ai cessé la formation. Les clients au cœur du changement se trouvent dans une grande fragilité émotionnelle, j'ai donc une responsabilité importante à leur égard. Je refuse de jouer avec leur ego pour servir un accord. Je préfère la pédagogie en expliquant au client les risques et les bénéfices d'une proposition, avec un recadrage quand ce dernier devient déraisonnable.

Je préserve toujours l'ego du client. Il en aura besoin pour son rebond, qui est ma priorité, à l'inverse de l'accord, qui n'est qu'une étape préalable au rebond.

« Je vais prendre le contrôle pour pouvoir manipuler »

Si vous êtes boxeur ascendant cow-boy, peut-être pensez-vous devoir acculer votre adversaire pour ne pas lui laisser d'autre choix que d'accepter votre offre, tel un moucheron pris dans une toile d'araignée.

Ce n'est pas une bonne idée ! C'est même totalement contre-productif.

Quand la partie adverse est acculée, et que la seule option possible est d'accepter la proposition du négociateur, elle sera peu encline à le faire, notamment si le rapport de force est en sa faveur. Cela crée l'effet de réactance psychologique. En psychologie sociale, dès lors qu'un individu a le sentiment que sa liberté d'action lui est ôtée, de façon virtuelle ou véritable, il va agir à l'inverse de ce qui est attendu de lui.

Dans ce cas, il est important de lui offrir une porte de sortie. Une possibilité d'accepter votre proposition, sans perdre la face, surtout quand il ira lui-même rendre des comptes à sa direction ou aux actionnaires. J'ai dans mon entourage très proche une personne qui fonctionne exactement comme ça. Une fois que je l'ai compris, je me suis adaptée. Désormais, quand je vois qu'elle se sent bloquée, je lui offre une porte de sortie.

Très concrètement, elle a récemment acheté une maison en se privant délibérément du statut protecteur de l'acheteur (pas de conditions suspensives et arrhes au maximum légal). Une fois la promesse d'achat signée, elle s'est sentie bloquée et a exprimé le souhait de ne pas poursuivre l'acquisition, ce qui entraînait une perte de quasiment 100 000 euros. Plutôt que de lui parler des sommes en jeu, j'ai confirmé la possibilité qu'elle pouvait se rétracter. Elle s'est sentie libérée du blocage et… a finalisé l'acquisition ! L'envie initiale l'ayant poussée à se porter acquéreur de la maison demeurait, seule la sensation de blocage venait interférer. Comprendre les mécanismes de l'autre aide à mieux vivre, pour l'autre et pour vous !

« Je vais attendre d'avoir retrouvé un emploi »

Il est tentant d'attendre une proposition ferme et formelle avant d'engager les discussions de négociation. Avec toutes les charges courantes, le remboursement d'emprunts, les études des enfants, le statut social, c'est difficile de courir le moindre risque. Une bonne négociation demande du temps, comme je vous l'ai longuement expliqué en fin du quatrième chapitre.

L'idéal est d'attendre d'être sur une piste pour lancer les discussions, et non d'avoir retrouvé un emploi. Ainsi que je vous l'expliquais au chapitre 4, cela vous bloquerait pour la négociation. Avoir un début de piste, en revanche, est suffisant pour vous rassurer quant à votre capacité à rebondir ensuite et vous évitera de vous jeter dans le vide sans filet. En outre, ce début de piste sera l'occasion de faire une coupure d'une à deux semaines avant de rebondir sur un autre poste, le tout sans la pression ni de votre ancien job ni du nouveau. Un vrai luxe !

« Je vais demander une rupture conventionnelle pour l'avoir »

Voici l'erreur classique que commettent les clients qui négocient seuls, sans avocat. La difficulté est qu'une fois les intentions dévoilées, l'autre sait que vous êtes en attente, que c'est un besoin, et donc se retrouve en position de force. Si vous vous dévoilez, vous êtes à la merci de l'autre. Donc le conseil contre-intuitif, mais efficace pour obtenir la rupture est … de ne pas la demander !

Je connais un homme d'affaires brillant qui me racontait avoir acheté des couverts en argent lors d'une brocante. C'était un lot de fourchettes dont il avait besoin pour compléter le service dont il disposait déjà et qu'il cherchait depuis plusieurs mois. Il s'est approché du stand et a demandé des informations sur plusieurs lots, mais jamais sur celui qui l'intéressait, en feignant de trouver les prix trop élevés. Au bout de la troisième ou quatrième réponse, il a demandé nonchalamment le prix des couverts qu'il convoitait, tout en disant qu'ils étaient moins beaux et qu'il ne voulait pas dépenser autant. Le vendeur, lassé, n'y croyait plus et lui a donné un tarif un peu bas. L'homme d'affaires, prétextant un prix encore élevé, a fait une proposition inférieure, sur un ton désinvolte. Le vendeur a accepté. L'acheteur a acquis à bas prix les couverts qu'il cherchait de longue date en feignant de ne pas être intéressé !

Alors, comment obtenir la rupture sans la demander ? Cela va dépendre de votre cas précis. Vous livrer ici une orientation standard et unique est trop risqué, car les portes de la discussion peuvent se fermer immédiatement ou s'engager dans la mauvaise direction et le rattrapage sera alors difficile, voire impossible. Déterminer l'amorce et l'axe d'une discussion résulte de l'analyse du dossier, selon tous les éléments vus dans les chapitres précédents. Et elle s'adapte au fil des discussions.

« Il faut aller vite »

Nous l'avons vu, le temps est un élément clé de la négociation. Il faut prévoir un espace temporel suffisant pour mener sereinement des discussions, qui vont nécessiter plusieurs allers-retours.

Même avec un tel espace prévu, vous pouvez avoir la tentation de répondre vite, avec à la fois l'idée de prouver que vous savez ce que vous voulez et/ou que vous êtes sympa, mais aussi avec l'envie de vous débarrasser du problème et que ça se termine vite. Il ne faut pas confondre vitesse et précipitation. Prenez toujours le temps de la réflexion, du recul.

Si vous avez déjà participé à une vente aux enchères, vous connaissez cet engrenage dans lequel vous vous retrouvez happé si vous enchérissez sur un lot. Vous vous êtes fixé une somme à ne pas dépasser ;

au début les enchères montent progressivement, puis votre seuil est atteint, il ne reste plus grand monde à enchérir et de dix euros en dix euros, vous montez encore et encore et finalement, vous vous retrouvez avec un article, que certes vous aimez bien, mais plus cher que si vous l'aviez acheté neuf en magasin, et au-delà de vos limites précédemment fixées.

La faute en incombe aux hormones, et en particulier à l'adrénaline, laquelle est libérée en réponse à des situations de stress, d'excitation ou de compétition. L'augmentation de l'adrénaline risque d'entraîner une sensation d'excitation et d'urgence, ce qui peut influencer les décisions d'enchérir et la dynamique de la vente aux enchères. Dans le cas de la négociation, vous pouvez être tenté d'accepter une proposition insatisfaisante, pour pallier l'inquiétude d'une rupture des négociations ou par lassitude.

Vous ne devez jamais prendre de décisions sous le coup de l'émotion. Si l'émotion a la vertu de mettre vos sens en alerte, la raison permet de décider de façon éclairée. Pour cela, il faut du temps et du recul. C'est quand tout s'accélère qu'il est nécessaire de ralentir, même en situation d'urgence.

Prenez votre temps, mais sans jouer le dilatoire (c'est-à-dire sans faire traîner inutilement). Même si la proposition de l'autre correspond aux objectifs que vous vous étiez fixés et que vous savez que vous allez accepter, demandez le temps de la réflexion. Si la personne vous fixe un ultimatum de temps en vous imposant une réponse immédiatement, pas d'inquiétude, demandez-lui simplement et sans agressivité les raisons de l'urgence. Vous verrez que souvent, elle dégonfle d'elle-même. Mais cela peut être, par exemple, la nécessité d'en référer à un comité qui se tient le lendemain. Vous avez donc au moins la nuit pour réfléchir.

Il n'est pas nécessaire de prendre une semaine. Simplement sortir du bureau dans lequel vous êtes reçu en entretien, vous extraire de la présence physique et donc peut-être de l'emprise, pour avoir du recul, réfléchir et formuler une réponse avec laquelle vous êtes et resterez en phase, sans regret par la suite. Une journée ou deux sont largement suffisantes.

Enfin, si vous faites une concession dans la négociation, par exemple en acceptant de baisser vos prétentions, que vous cédez trop vite, sans demander une contrepartie, et donc sans montrer à l'autre que votre concession a un prix, alors il va en demander plus ou n'accordera pas de valeur à votre concession.

« Si je lâche sur un détail, ils vont penser que je suis faible »

Vous avez établi vos différents seuils, dont vos négociables et vos non-négociables. Si vous devez céder sur certains détails pour préserver votre objectif, faites-le. Cédez sur la forme et non sur le fond.

N'hésitez pas à laisser croire à l'autre qu'il contrôle la situation, qu'il est le fort de l'histoire. Dès lors que vous savez ce que vous faites et où vous allez, vous êtes en maîtrise. Si l'autre a besoin de se sentir supérieur (dans les limites de l'acceptable bien sûr) pour vous permettre d'obtenir l'accord que vous souhaitez, foncez !

Les gens adorent se sentir supérieurs. Quand vous abondez dans leur sens, les défenses tombent. *Be smart, act stupid*, soyez brillant en ayant l'air bête. C'est ce que j'appelle aussi « faire sa blonde ». Ça marche tellement bien, croyez-moi, je l'ai testé et validé !

Vous êtes dans un jeu d'acteur et vous servez vos intérêts sur du long terme. Aussi, vous pouvez bien faire taire votre ego quelques minutes pour obtenir un résultat qui vous permettra de le nourrir durablement.

« Chercher le maximum »

Obtenir le plus d'argent possible dans une négociation ne doit pas être votre finalité ou votre but. Évidemment, c'est important. C'est parfois même la clé de votre sérénité pendant plusieurs mois, voire plusieurs années.

Mais ne vous enfermez pas dans cette logique de hold-up. Concentrez-vous plutôt sur l'objectif de maintenir une négociation respectueuse et éthique, car c'est de cette manière que vous préserverez votre image de marque et donc, à terme, votre employabilité, c'est-à-dire votre capital. Ayez une vision écologique, sur du long terme.

Henry Kissinger, grand diplomate et homme d'État ayant reçu le prix Nobel de la paix, investi dans la fin du conflit israélo-arabe d'octobre 1973 et de la guerre au Vietnam, affirme qu'« il faut un grand talent pour pouvoir négocier, mais il faut encore plus de sagesse pour savoir quand il est temps d'arrêter de négocier ».

Parfois, il peut être très utile de trouver des objectifs secondaires qui permettront d'élargir le champ de la négociation et sur lesquels vous pourrez céder. Vous trouverez quelques exemples de demandes accessoires et créatives plus loin dans le chapitre. Ainsi, en donnant à l'autre l'illusion qu'il a obtenu des concessions de votre part, vous allez pouvoir rester ferme sur l'obtention de votre enjeu.

Votre interlocuteur se sent puissant alors qu'il n'a fait que gagner une bataille, là où vous avez gagné la guerre !

« J'ai un dossier sur eux »

Ah le fameux coup de la menace que j'entends régulièrement à mon cabinet : « Maître, ils ont intérêt à accepter nos conditions, car j'ai de quoi les faire tomber. » D'abord je demande des précisions, car c'est rarement aussi explosif qu'espéré. Puis je mets mon client immédiatement en garde sur le caractère contre-productif des menaces. Par expérience, une menace est très dangereuse pour vous, et ce, à plusieurs titres.

En premier lieu parce qu'une menace n'a d'intérêt que dans son caractère menaçant, coercitif, c'est-à-dire tant qu'elle n'a pas été exécutée. Une fois la menace mise à exécution et la terre brûlée, la menace n'existe plus, la seule option possible pour l'adversaire est de composer avec les conséquences, mais vous avez perdu la carte menace.

Donc vous avez utilisé votre as pour un résultat nul puisque vous n'avez pas avancé dans la négociation, et il y a même fort à parier que vous avez tué toute volonté de discuter chez votre interlocuteur.

En deuxième lieu, personne n'aime être menacé. En général, quand vous menacez quelqu'un, il aura tendance à faire ce que vous lui avez demandé de ne pas faire, juste par esprit bravache de contradiction, c'est ce qu'on appelle la réactance psychologique[14].

En troisième lieu, si vous brandissez la carte de la menace, il faut être prêt à tout jouer, c'est-à-dire être capable d'assumer les ultimatums et d'aller à la rupture sous peine d'être décrédibilisé. C'est prendre un bien grand risque ! En outre, la mise en œuvre de cette menace peut se retourner contre vous. Je pense à une décision d'une cour d'appel qui a condamné pénalement l'employé et son avocate qui avaient menacé le PDG de révéler l'abus de bien social, constitué par un salarié de l'entreprise, qui faisait des travaux de jardinage au domicile personnel du dirigeant. Eh oui, la menace est un délit pénal !

Donc j'écoute d'abord le client, puis j'informe l'autre partie de l'existence de cet élément, mais sans brandir la menace. L'équilibre est subtil, comme toujours en négociation. Dans 99 % des cas (pour ne pas dire 100 %), l'entreprise ne se sent pas menacée et le client a surévalué le pouvoir de nuisance de l'information.

« Ils ont un dossier contre moi »

Et si vous faites vous-même l'objet de menaces ? Comme pour l'ultimatum sur le temps, les demandes coercitives, les menaces, les exigences et les requêtes se déconstruisent constamment par le questionnement et non par la contre-argumentation stérile.

14. La réactance psychologique est une réaction émotionnelle négative qui se produit lorsqu'une personne ressent que sa liberté ou son autonomie est menacée, ce qui la pousse à résister ou à faire l'inverse de ce qui est demandé.

Face à une menace de licenciement pour faute grave, ne cédez pas à la panique, gardez votre calme. Surtout, évitez de réagir de manière impulsive ou émotionnelle. N'envoyez pas une tonne de courriels de justification. Écoutez ce que votre employeur a à dire et posez des questions pour comprendre les raisons du licenciement envisagé, tout en notant l'ensemble de ces informations.

Vous pouvez évidemment contester tout comportement fautif et même invoquer le fait que cette procédure vous apparaisse comme une sanction à votre demande de négociation, mais faites-le toujours avec beaucoup de calme et de respect, de façon concise et factuelle. Si votre employeur fait cela, c'est certainement pour vous mettre la pression, alors la meilleure manière de réagir est de ne pas rentrer dans son jeu !

Vous disposez à présent d'un ensemble de compétences en négociation qui vont vous permettre d'adopter la bonne attitude. Mais il reste des moments difficiles dans une négociation, même pour des professionnels aguerris.

Réagissez à un non

Le non est toujours un moment difficile à vivre. Pour certains, c'est une stimulation, un challenge de plus, pour d'autres, un obstacle infranchissable. Or, comme le disait Henry Ford, « les obstacles sont ces choses terribles que vous voyez lorsque vous détournez les yeux de votre but », de votre « pourquoi » donc. Tant que vous restez concentré sur votre alignement, les obstacles ne sont que des éléments sur votre chemin, rien de plus.

Que vous soyez dans le défi ou le défaitisme face à un obstacle, distinguons déjà les deux stades du non que sont l'objection et le refus.

Réagissez à des objections

Une objection est une critique, un obstacle. C'est par exemple un « oui, mais » du style « Oui, j'entends que vous êtes en souffrance au travail, mais vous ne vous en êtes jamais plaint », « Je ne dispose pas de budget pour recruter un salarié en plus », « Je n'ai pas de budget pour vous laisser partir… ». Bien que cette objection vous inquiète, ne vous précipitez pas pour répondre. Assurez-vous de bien comprendre le point de vue de l'autre partie grâce à tous les outils vus précédemment, dont la reformulation et les questions ouvertes.

Surtout, ne vous focalisez pas sur le « mais », même si dans ce type de constructions, ce qui suit le « mais » l'emporte généralement sur ce qui le précède. Par exemple : « Vous êtes une personne de qualité, mais vos chiffres ne suivent pas. » Vos prétendues qualités sont seulement invoquées pour faire passer le vrai message, celui de l'insuffisance de résultat.

Si cela vous arrive, ancrez plutôt le « oui » dans votre esprit, car un oui présente le mérite de ne pas être un « non », et imprimez-le dans l'échange. Puis concentrez votre attention et vos efforts sur le « mais ».

Vous allez ainsi construire l'argumentaire en plusieurs étapes.

- Actez le « oui » commun, même s'il n'est que de façade à ce stade. Cela permet de l'inscrire dans l'esprit de l'autre, de créer un objectif commun et donc un lien entre vous. Par exemple : « La bonne nouvelle, c'est que j'entends que nous sommes d'accord sur le principe même d'une sortie. »
- Reconnaissez et validez l'objection, car même si vous n'êtes pas d'accord, vous montrez que vous respectez son opinion. Par exemple : « Maintenant, ce qui pose difficulté c'est … Je vois que c'est une préoccupation importante pour vous et je comprends que cela puisse vous bloquer… » En comprenant le problème de votre interlocuteur, et surtout son ressenti, vous créez un lien, car vous vous faites preuve d'empathie. Opposer des objections est généralement créateur de stress pour celui

qui les émet. Permettre à ce dernier d'être accueilli, entendu et compris va le soulager et l'ouvrir à la discussion. Il sera ensuite plus enclin à vous écouter en retour et à vouloir vous aider.
- Contre-argumentez: après avoir compris l'objection, répondez de manière réfléchie et équilibrée. Proposez des solutions ou des alternatives qui peuvent satisfaire les deux parties.

Il s'en dégagerait, par exemple, le discours suivant: « La bonne nouvelle, c'est que j'entends que nous sommes d'accord sur le principe même (ici, marquez une pause de deux secondes pour bien ancrer ce oui commun). Maintenant, ce qui pose difficulté, c'est de vous retrouver avec un poste vacant dans votre service alors même que la commande de Trucmuche est sur le point d'arriver. Je comprends cet enjeux majeur, car cette commande est primordiale quant à la survie de l'entreprise et à la pérennité des emplois. J'ai bien conscience que vous ne pouvez pas vous permettre un déséquilibre avec l'arrivée d'une personne qui ne connaît pas parfaitement le poste. Je connais Trucmuche et ses attentes, je souhaite que la société puisse continuer à exister et même à croître, car j'y ai moi-même passé de belles années. Aussi, ce que je peux vous proposer, c'est de différer mon départ de six mois, le temps de gérer cette commande. Bien sûr, on acte dès à présent mon départ et les conditions, mais avec une mise en œuvre dans six mois. Est-ce que cette solution pourrait vous convenir ? »

Voyez comment on passe d'une objection qui pourrait sembler bloquante de prime abord à une collaboration coopérative, bénéfique pour les deux parties.

Vous avez utilisé des moyens d'influence pour parvenir à un accord respectueux pour l'autre. La preuve que le pouvoir peut aussi être vertueux.

Réagissez à un refus

Là, nous passons à un niveau de complexité supérieur puisque le refus est exactement la position redoutée : c'est une porte qui se ferme devant vous. Outre les différentes émotions que cela peut (r)éveiller en vous, ne bloquez pas, même si votre corps vous envoie des signaux forts, tels que paumes moites, bouche pâteuse ou transpiration excessive.

Concentrez-vous sur votre respiration pendant quelques instants. Inspirez en comptant jusqu'à quatre et expirez en comptant jusqu'à quatre, discrètement bien sûr. Si vous perdez le fil de la discussion, ce n'est pas grave, vous pourrez faire répéter votre interlocuteur. L'important est d'apaiser le bouillonnement émotionnel qui altère vos capacités de discernement.

Surtout, dites-vous bien que ce n'est qu'un refus et que tout n'est pas perdu. Combien de fois avez-vous commencé par dire non à votre enfant pour finalement changer d'avis ? Donc relativisez. L'une des maximes clés de la négociation est « Échec ne vaut pas rupture ». Il existe toujours une capacité à redémarrer, à rebondir, à avancer, du moins à tenter de transformer cette situation de blocage temporaire.

Mieux encore, Jack Welch, l'un des dirigeants les plus emblématiques aux États-Unis dans la période 1980-2000, en sa qualité de PDG de General Electric, dont on peut supposer qu'il a fait face à quelques refus au cours de sa longue carrière professionnelle, affirme que « le refus est une partie essentielle de la négociation ».

Le refus est une technique tellement connue, qu'elle est même reprise dans les séries télévisées, dont la mythique « Suits » sur la vie d'un cabinet d'avocats new-yorkais : « Ne jamais sous-estimer le pouvoir de quitter la table. C'est une partie essentielle de la négociation », affirme ainsi Harvey Specter, un des personnages de la série.

Donc pas de panique, parfois, ce n'est que de la stratégie !

Une fois vos esprits retrouvés, réorientez la discussion en posant des questions susceptibles d'aller dans votre sens. Il faut vous permettre de comprendre quels éléments pourraient motiver une reprise des négociations. Si c'est pour une motivation financière, un arrangement différent peut émerger.

Si le refus persiste, d'autres voies devront être explorées, dont votre MeSoRe.

Négocier avec un pervers narcissique ou un psychopathe

En cas de difficultés avec une personne, lorsqu'elle agit d'une façon qui semble non conforme ou disproportionnée, le réflexe courant est de la qualifier de psychopathe ou de perverse narcissique.

Au-delà du phénomène de mode, il s'agit de pathologies qui reposent donc sur des critères cliniques très précis. Il est préférable d'éviter les raccourcis qui collent des étiquettes erronées, et qui surtout vous égarent quant à la stratégie à mettre en œuvre.

Si vous n'êtes pas psychiatre, vous ne serez pas en mesure de diagnostiquer votre interlocuteur. Vous devez simplement vous contenter de l'observer à distance. Vous pouvez vous y préparer en anticipant. En comprenant ses mécanismes, la communication sera possible, mais gardez toujours une distance de protection.

En ce qui concerne le pervers narcissique, pour éviter tous les fantasmes liés au phénomène de mode et à ses abus de langage, je préfère parler de trouble de la personnalité narcissique, car c'est le seul à être reconnu au niveau psychiatrique. Cela permet d'en revenir à la notion de trouble, puisqu'à l'inverse, avoir une bonne estime de soi est sain et fait partie de la construction psychologique de chacun. Cela devient pathologique à partir du moment où ce besoin d'être admiré devient toxique pour les autres.

La personne qui souffre d'un trouble narcissique a besoin d'être idolâtrée à travers ce qu'elle dit, ce qu'elle fait, ou ce qu'elle montre dans l'objectif de nourrir son ego. Tel le moustique pompant le sang de sa victime pour exister.

Il est courant de penser qu'il s'agit de personnes avec une forte estime d'elles-mêmes puisque c'est l'image qu'elles renvoient. En réalité, elles souffrent souvent d'une carence affective. Les études ont démontré que les vrais narcissiques ont été éduqués de façon très permissive, les fameux « enfants rois ». N'ayant pu se confronter à des limites, leur narcissisme n'a pas été en mesure de se construire naturellement et leur estime est très fragile. Leur trouble narcissique naît donc d'une carence et d'un déficit d'auto-estime.

Cela devrait vous aider à les voir différemment et à ne plus vous sentir rabaissé ni utilisé par eux, mieux, à en faire une force pour négocier avec eux.

Une fois que vous avez compris la faille de la personne atteinte d'un trouble narcissique, vous savez comment lui parler. Il suffit de la flatter, de nourrir son ego. Et de vous souvenir que vous n'êtes là que pour la servir. Créer une connivence émotionnelle ou relationnelle avec elle n'aura de sens que si cela peut lui apporter un intérêt. Vous devez lui montrer l'opportunité que représente pour son avancement dans la structure le passage d'un accord avec vous. Surtout, ne cédez pas à la colère ou à la séduction qu'elle génère. Et ne la dépréciez ou ne la rabaissez jamais.

Une fois que l'intérêt que vous représentez pour elle s'éteint, vous disparaissez de son esprit, vous et ses promesses. Vous devez donc être attentif à la formalisation de l'accord.

Les psychopathes sont plus rares. Aux États-Unis, ils représenteraient 3 % de la population, ce qui, à l'échelle d'une entreprise, les rend fréquentables. Cette figure évoque Patrick Bateman, le héros de Bret Easton Ellis dans son livre *American Psycho* paru en 1991 et adapté au cinéma en 2000, prouvant que l'on peut être psychopathe et très inséré, avec une apparence de grande réussite sociale et professionnelle.

Heureusement, tous les psychopathes ne sont pas des tueurs, mais leur grande froideur, leur détermination implacable et leur absence de réaction au stress ou à la peur les rendent très performants dans leur travail. En outre, ils disposent d'une excellente lecture des gens, sans aucune empathie. Ils ont donc un grand talent pour mentir ou manipuler, et ne ressentent aucun remords à le faire, ou à écraser un éventuel concurrent pour gravir les échelons ou remporter un contrat. Au contraire, ça les amuse.

À la différence du narcissique, valoriser un psychopathe est inutile tant il est parfaitement sûr de lui, de ce qu'il fait ou de ce qu'il est.

Ensuite, il est préférable d'échanger avec ce profil uniquement par écrit, afin de vous préserver, mais aussi pour l'empêcher de saisir des informations vous concernant, pire encore vos émotions, et donc de prendre l'ascendant sur vous. Il est très important de ne lui montrer aucune émotion, car si vous éprouvez de la colère, ça va l'amuser et, si c'est de la peur ou de la tristesse, il va jouer avec et jubilera de vous voir en victime. Dans les deux cas, il prendra l'ascendant.

Faire acte de bravoure en vous opposant à lui avec force pour lui montrer que vous êtes capable de lui tenir tête, c'est vous mettre en danger inutilement, car il n'est sensible ni au stress ni à la peur. Surtout, ne répondez jamais à ses provocations et évitez absolument de le vexer ou de l'humilier. Il est souhaitable d'écarter les témoins ou tout public de ses actions, et s'il commence son numéro, soyez simplement patient en le laissant fanfaronner, puis posez vos limites, de façon neutre et ferme.

Enfin, comme le psychopathe excelle au mensonge, essayez de recouper les informations et avancées obtenues auprès d'un tiers, sans qu'il ait l'impression que vous le remettiez en cause, puis formalisez-les strictement par écrit pour l'engager.

Dans les deux cas, que votre interlocuteur ait un trouble de la personnalité narcissique ou qu'il soit psychopathe, la charge mentale et émotionnelle sera trop forte pour gérer cette négociation seul. Vous devez impérativement être accompagné, voire, idéalement, déléguer ces interactions à un professionnel, que la distance et les compétences aideront.

Nous avons vu toutes les composantes psychologiques de la négociation. Avant d'y ajouter les émotions, prenez le temps de vous poser et d'écrire le script de votre démarrage.

Soyez l'acteur principal

Un travail que je fais toujours avec mes clients est de préparer l'amorce de la négociation, c'est-à-dire la première discussion, celle qui va poser les bases de la négociation. Nous la préparons ensemble, car elle est fondamentale. Si vous posez les fondations de votre maison de travers, vous ne parviendrez pas à la construire, il en est de même pour la négociation.

Il faut donc bien la préparer. Pour cela, je propose un script sur la base du vécu. Il faut toujours coller au plus près de la réalité, car c'est ce qui rendra votre discours authentique et sincère. À défaut, votre interlocuteur sentira la dissonance et aura l'impression d'être instrumentalisé, voire pris pour une andouille, ce qui agace prodigieusement et rompt toute possibilité de négociation. Vous pouvez légèrement amplifier un vécu, mais jamais l'inventer.

Rédiger le script est simple et complexe à la fois. Complexe, car cela implique de prendre en considération l'ensemble de la préparation effectuée en amont tout en lui donnant l'apparence de la simplicité.

Alors que vous avez recueilli de nombreuses informations et que vous pouvez avoir la tentation de vous justifier, de démontrer la qualité de votre proposition, vous devez au contraire faire preuve de concision pour gagner en clarté. La clarté et la concision aident à éviter les malentendus et à rendre votre message plus persuasif.

Pour cela, structurez votre discours de manière logique avec des listes à puces. Choisissez vos mots avec soin en utilisant un vocabulaire précis. Lorsque je rédige pour mes clients, j'évite tout jargon juridique, obscur et qui pourrait en plus dévoiler mon intervention secrète. Soyez direct et allez à l'essentiel. Les digressions ou justifications vont perdre votre interlocuteur. Quand vous rédigez votre script, adoptez le mantra « simple, concis et efficace ». Vous verrez que parvenir à ce résultat est complexe.

Une fois votre script couché sur le papier, vous allez le répéter plusieurs fois. D'abord pour être certain que vous êtes à l'aise avec ses mots, mais surtout pour que votre discours devienne fluide et naturel, comme s'il était spontané. Ainsi, lorsque vous aurez à le jouer devant votre interlocuteur, vous l'aurez totalement digéré. Cela sera d'autant plus utile que le stress risque de vous faire perdre vos moyens. Le meilleur remède au stress est le travail. Plus vous travaillerez, plus vous serez en mesure d'improviser de façon éclairée.

Mettez-vous dans la peau d'un acteur pour que ce moment, forcément un peu redouté, devienne un jeu. Si les émotions arrivent, par exemple les pleurs, laissez-les monter, ce n'est pas grave de vous montrer vulnérable, c'est même normal que vous soyez émotif, dès lors que vous êtes sincère. L'authenticité est la clé. La tristesse oui, mais la colère non ! L'émotion est certes légitime, mais il sera contre-productif de l'exprimer vivement.

Les clients sont souvent étonnés d'avoir réussi à le vivre comme un jeu et parfois même d'y avoir pris du plaisir. Cela s'explique par le fait qu'ils ont en réalité pris le contrôle de la situation et qu'ils se sentent en confiance, grâce au travail de préparation important réalisé en amont, voire à la visualisation. C'est tout ce travail qui amène de la fluidité à ce moment et qui permet que tout se déroule ensuite avec succès et facilité.

TÉMOIGNAGE

Le cas de Natalia

Natalia, 41 ans, occupe les fonctions de senior manager dans un grand cabinet de conseil international, un « big 4 », et se plaint d'être discriminée en raison de son origine étrangère qui ne lui permet pas une pleine maîtrise de la langue

française. Natalia occupe ce poste depuis six ans, mais a travaillé pendant plusieurs années pour ce même groupe dans son pays d'origine.
Natalia est en plus jeune maman, et à son retour de congé maternité, le cabinet lui fait comprendre qu'elle n'a plus d'avenir et qu'elle doit envisager de partir.
Lorsque Natalia me consulte, elle est très remontée contre l'entreprise.
Avec difficulté, j'arrive à lui obtenir une bonne négociation de sortie, mais elle m'appelle avec son mari et se plaint du montant insuffisant de ce que j'ai obtenu. Il est allé sur Internet et pense que la loi lui accorde plus que proposé. Je suis très étonnée, car au regard de son ancienneté, je ne vois pas comment elle pourrait obtenir autant. En plus, le mari s'énerve contre moi, car sa femme a subi une discrimination et il pense que s'ils vont devant les juges, ça va coûter cher à l'entreprise, surtout avec son ancienneté, dit-il.
J'ai pris le temps de déconstruire chacun des éléments amenés par le mari. D'abord concernant l'ancienneté, ce sont en réalité deux structures juridiques différentes, et dans la mesure où il y a eu cessation du contrat avec la première, et pas de demande de reprise de l'ancienneté quand Natalia a intégré la seconde quelques semaines après, juridiquement, seule l'ancienneté dans cette dernière est correcte et nous ne pouvons prétendre à plus.
Ensuite concernant la discrimination dont ils estiment que Natalia est victime, je lui explique que, pour être reconnue, elle doit être prouvée et je lui demande donc de m'exposer les motifs lui permettant de parvenir à cette conclusion. Analysés factuellement, ces éléments ne concluent pas à une qualification juridique de discrimination.
Peu à peu, je dégonfle la colère et la volonté vindicative du mari. Il entend que je prends au sérieux leur position et que, dans mon rôle de conseil, je fais preuve de pédagogie en leur expliquant ce qui peut porter des fruits et ce qui s'avérera stérile.

Reste la question de l'indemnité, qui me laisse perplexe. Je lui demande donc de m'envoyer sa simulation pour comprendre la différence. En la recevant, je réalise rapidement l'erreur du mari qui avait rempli le salaire annuel à la place du salaire mensuel !
Finalement, Natalia a accepté de signer l'accord. Et elle a bien fait, car nous avions atteint le maximum de la négociation.

À retenir : les points clés du chapitre

- **Qualités d'un bon négociateur :** écoute, empathie, préparation rigoureuse, et équilibre entre fermeté et flexibilité, tout en maintenant une distance émotionnelle.
- **Styles de négociation :** privilégiez la coopétition, mélange de compétition et de coopération, idéal pour de meilleurs résultats.
- **Démythification de la négociation :** la négociation ne repose pas sur la force, mais sur la collaboration. Être ferme sur les problèmes tout en étant respectueux envers les personnes.
- **Gestion des refus :** transformer les refus en opportunités en comprenant les objections et en proposant des alternatives.
- **Interaction avec des personnalités difficiles :** adapter la communication, surtout avec les narcissiques ou les psychopathes, en utilisant des techniques spécifiques pour chaque cas et en vous faisant assister.
- **Préparation écrite :** utiliser un script pour clarifier et renforcer le message.

CHAPITRE 8

Gérez l'émotion dans la négociation

La négociation est souvent perçue comme un échange d'éléments rationnels alors qu'elle est chargée d'émotions. En effet, il est impossible de dissocier une discussion de ses émetteurs, lesquels, humains, sont constitués d'émotions. Même le négociateur le plus aguerri d'une troupe d'élite est rempli d'émotions. La seule différence est qu'il en a conscience, qu'il les met de côté pendant l'intervention tout en utilisant celles du forcené pour parvenir à le neutraliser.

Les émotions sont même plus importantes que les mots. Souvenez-vous de cette réunion ou de cette conversation difficile d'il y a quelques années, quels sont les mots utilisés par la personne, précisément ? Vous ne vous en souvenez pas. En revanche, si je vous demande de me décrire dans le détail votre ressenti, vous y parviendrez plus aisément.

C'est normal, puisque le ressenti prime. Maya Angelou, poétesse et militante américaine a fort justement énoncé : « Les gens oublieront ce que vous avez dit, ils oublieront ce que vous avez fait, mais ils n'oublieront jamais ce que vous leur avez fait ressentir. »

Cela vaut pour vous, mais également pour votre interlocuteur dans le cadre de votre négociation. Si les émotions qu'il ressent à votre égard pendant vos échanges sont négatives, il n'aura pas envie de vous aider. Vous pouvez en revanche le convertir en allié si vous parvenez à lui faire ressentir de l'empathie, voire de la sympathie pour vous. Rappelez-vous que la personnalité du salarié détermine la négociation. Alors, à vous de jouer !

Comprenez les émotions

Le psychologue Paul Ekman a théorisé, dans les années 1970, le concept d'émotions universelles de base. D'après lui, il existe certaines émotions qui sont innées chez l'humain. Ainsi, quels que soient notre territoire, culture ou époque d'origine, ces émotions sont récurrentes et possèdent la même signification.

Elles sont au nombre de six : la joie, la tristesse, la peur, la colère, le dégoût et la surprise. Globalement, vous allez éprouver chacune de ces émotions au cours du processus de négociation. Avec plus ou moins d'intensité, de fréquence ou de répétition, mais vous les rencontrerez : la peur de ne pas réussir à négocier, la colère face au refus ou aux objections, la surprise et le dégoût quand votre employeur vous reprochera des insuffisances pour minorer la somme à vous verser, la joie d'avoir obtenu l'accord ou la tristesse de ne pas y être parvenu.

Chacune de ces émotions a un sens et une utilité. Elles font même partie du processus de deuil. Toute rupture entraîne un deuil. Parce que la rupture intervient dans le domaine professionnel, il est fréquent d'exclure ou de minimiser l'importance du processus de deuil. Or une rupture, même professionnelle, demeure une rupture et à ce titre, elle est très émotionnelle.

La psychiatre suisse Elisabeth Kübler-Ross a formalisé la courbe du deuil dans son livre *On Death and Dying*, paru aux éditions Labor et Fides en 1975. Elle y décrit les différentes étapes émotionnelles que les individus traversent lorsqu'ils font face à une perte significative, en reconnaissant que ces étapes ne sont pas nécessairement linéaires et qu'elles peuvent varier d'une personne à l'autre.

Même si la courbe retranscrit les émotions dans un ordre déterminé, cet ordre varie pour chacun, pour chaque situation. La personne peut sauter une émotion et l'éprouver plus tard ou jamais. Elle peut aussi vivre une même émotion plusieurs fois ou en ressentir certaines avec plus d'intensité et de durée que d'autres. Certaines personnes feront leur deuil en une semaine tandis que d'autres y mettront des mois. Il n'existe pas de bonne manière de vivre son deuil. C'est un processus personnel, subjectif et valable pour chacun.

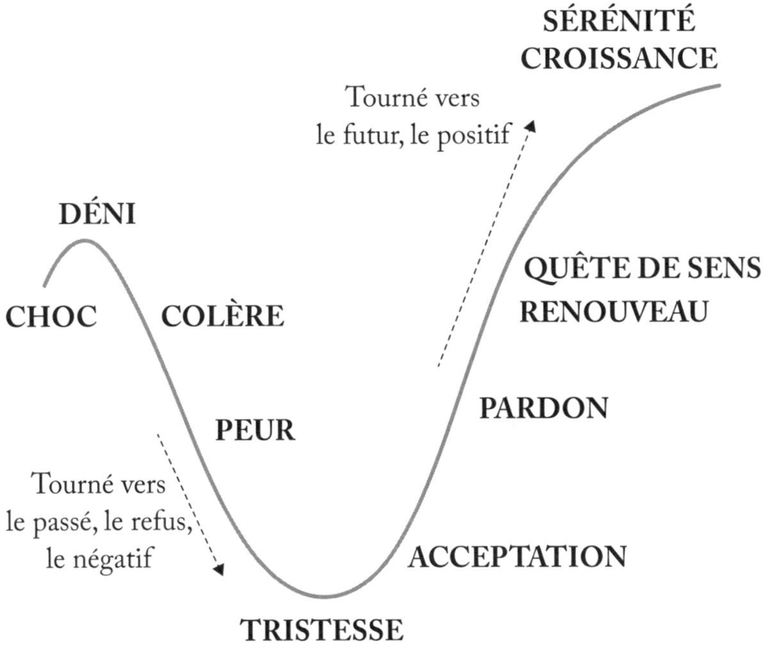

La finalité du processus de deuil est de parvenir à l'acceptation, c'est-à-dire, pour le salarié, d'accepter la réalité de son départ et de commencer à se tourner vers l'avenir. Il peut alors se concentrer sur la recherche de nouvelles opportunités ou sur la préparation à une nouvelle phase de sa vie professionnelle.

Je suis convaincue que de ne pas attendre l'acceptation pleine et entière pour se tourner vers son avenir permet de parvenir plus rapidement à l'acceptation. Même si certains clients sont incapables d'anticiper et ressentent le besoin de vivre chaque émotion, alors le temps nécessaire leur est laissé.

Utilisez les émotions pour vous protéger

Les émotions peuvent vous protéger dès lors que vous les comprenez.

Accueillez l'émotion

Les négociations étant nécessairement des moments de stress intense, elles déclenchent chez chacun des réactions émotionnelles instinctives, mais aussi des résurgences de l'enfance.

Notre éducation associe souvent la réussite, notamment scolaire, à la récompense, voire parfois à l'attention des parents. Aussi, quand à l'âge adulte, la promotion demandée vous est refusée, vous pouvez vous sentir nul, ce qui réduit votre auto-estime à néant. Le processus est si inconscient que vous ne vous en apercevez même pas. C'est pourquoi, avant d'aborder la négociation, interrogez-vous : « Et si mon interlocuteur refuse ? »

Voyez comment vous réagissez et pourquoi vous réagissez ainsi. Sans jugement. Simplement, observez et identifiez l'émotion que cela vient réveiller. Par exemple, vous ressentez de la colère de ne pas être entendu dans votre demande de départ. Vous avez l'impression qu'une fois de plus, votre patron se comporte mal avec vous, il vous en veut. La situation vous semble injuste. Voici l'émotion brute.

Je précise que toutes les émotions que vous ressentez (pendant une négociation) sont légitimes, même celles que vous redoutez le plus, telles que la peur, la tristesse, la colère ou le dégoût. La difficulté à les gérer intervient uniquement lorsque vous les refusez : « Non je n'ai pas peur » ou « Non je ne suis pas en colère ». Si vous niez votre émotion, vous êtes alors dans l'incapacité de la maîtriser pour éviter qu'elle ne se dégrade.

Le filtre émotionnel

Une fois l'émotion identifiée, vous allez essayer de la filtrer, ce qui ne signifie pas la supprimer ni l'édulcorer. Il s'agit juste de séparer le bon grain de l'ivraie, d'ôter les pollutions inutiles qui viennent brouiller le message. Pour cela, remettez votre émotion à sa juste place en tentant de dissocier l'émotionnel du factuel.

Poursuivons notre exemple : vous ressentez de la colère, de l'injustice et de la frustration face au refus de négocier de votre interlocuteur. Vous le prenez personnellement. Cela vous touche intimement. Vous êtes dans l'émotionnel pur.

Votre émotion primaire, fruit d'une blessure de l'enfance, vous fait perdre la lucidité et vous place dans une impasse. Tant que vous resterez sur un langage purement émotionnel, vous ne pourrez pas vous faire entendre de votre interlocuteur, dont le raisonnement est rationnel.

Ici, il vous faut donc accueillir la colère, la justice et la frustration et filtrer pour savoir si ces émotions appartiennent bien à cet événement, à savoir le refus de négocier, ou si ce refus appuie sur des frustrations/traumas antérieurs, qui amplifient votre réaction et la rendent excessive. La difficulté n'est pas tant le caractère excessif de l'émotion (si vous l'évacuez hors du cadre professionnel), c'est qu'elle va générer des attentes de réparation disproportionnées et non audibles par l'autre partie. D'où l'importance de bien calibrer le niveau et l'origine de votre émotion.

Le langage émotionnel

Quand vous êtes pris par votre émotion, vous la ressentez, votre langage est purement affectif, tandis que votre interlocuteur analyse la situation, il manie, lui, un langage rationnel.

En outre, vous êtes autocentré, ce qui vous place sur un niveau micro, individuel, là où votre interlocuteur jugera d'un point de vue macro, c'est-à-dire global, en considérant l'impact de votre départ sur un service déjà surchargé et sur le bon fonctionnement de l'entreprise.

Il peut aussi s'avérer autocentré, mais différemment, il s'inquiète de savoir comment il va pouvoir continuer à faire fonctionner le service, à maintenir son niveau de productivité afin de préserver son statut professionnel. Ce qui, de ce fait, peut aussi lui procurer des émotions, mais sans lien avec vous en tant qu'individu. J'insiste sur ce point ici et dans le cadre de mes négociations. Il me semble primordial de bien comprendre que, généralement, les réactions des entreprises ne correspondent pas à des animosités personnelles, elles ne remettent pas en cause intrinsèquement le salarié sur le plan de ses qualités humaines, mais s'adossent plutôt à des besoins de productivité. Cela aide beaucoup à faire son deuil et à se projeter sur l'après.

Tant que vous resterez sur un langage émotionnel pur et autocentré, vous demeurerez dans une impasse. Toute tentative que vous ferez ensuite, si vous persistez à demeurer sur la base du ressenti émotionnel dépourvu du factuel, là où votre interlocuteur sera sur du factuel pur, vous entraînera sur des chemins de plus en plus divergents et la rencontre sera impossible. Une fois l'émotion accueillie et filtrée, il s'agit de la gérer.

Gérez vos propres émotions

Il est utile de décrypter l'émotion quand elle arrive, mais il est encore plus efficace de se préparer à la gérer.

Dans le cadre d'une négociation, vous ne pouvez pas vous permettre de laisser vos émotions s'exprimer librement, du moins face à votre interlocuteur, même si elles sont légitimes. Certaines sont plus acceptables que d'autres, la tristesse sera par exemple mieux reçue que la colère. Tout dépend aussi et surtout de la façon dont vous l'exprimez à votre interlocuteur et de l'intensité de l'émotion. C'est pourquoi je vous disais au chapitre précédent de laisser les larmes arriver si elles montent spontanément.

Vous avez identifié que vous allez ressentir de la colère, de l'injustice et de la frustration. En effet, c'est rarement l'émotion de joie qui inquiète. En étant conscient de cette réaction type en cas de refus de votre interlocuteur à négocier, prévoyez un scénario différent en vous demandant : « Si je sens un refus arriver ou si je me sens bloqué pendant la conversation, que puis-je faire ? Comment me faire entendre sans me mettre sur la défensive ou l'autojustification ? Quelles sont les deux ou trois réactions à adopter pour ne pas me sentir déstabilisé ou découragé ? »

Répondre à ces questions vous aidera à anticiper des réactions émotionnelles éprouvantes, qui surviennent à des moments de haute intensité comme une négociation.

Préparez vos émotions

Pendant que vous prévoyez ces réactions alternatives, mettez-vous au calme, fermez les yeux et visualisez-vous en train de réagir, calmement. Vous sentez la colère monter, mais vous sentez surtout la façon dont vous parvenez à remplacer la colère par autre chose de plus doux et de plus apaisant.

Par exemple, visualisez-vous en train d'affronter un refus, et de ressentir de la colère, traditionnellement incarnée par la couleur rouge. Faites-la sortir de votre tête ou de votre plexus et au lieu de la laisser se répandre dans votre corps, remplacez-la par une couleur apaisante comme du blanc ou du doré qui viendrait se propager dans chaque recoin. Visualisez-vous surtout en train de reprendre l'ascendant sur cette colère et ressentez la fierté que vous procure la capacité de mener à son terme l'entretien, en conduisant votre interlocuteur sur votre terrain. Souvenez-vous que les plus grands sportifs pratiquent la visualisation.

Gérez les émotions pendant une négociation

Malgré la préparation, les émotions peuvent jaillir, surtout en situation de stress extrême.

Régulez vos émotions

Si malgré votre préparation, la colère ou toute autre réaction envahissante vous submerge pendant l'entretien, respirez et repensez à votre couleur apaisante. Mais surtout, observez votre émotion. Il existe des fondements scientifiques et neurologiques qui soutiennent l'idée que l'observation consciente des émotions peut aider à les apaiser. Concrètement, observer ses émotions active le cortex préfrontal, impliqué dans la réflexion et le contrôle des impulsions, ce qui aide à moduler l'activité de l'amygdale, responsable des réactions émotionnelles intenses, et donc à diminuer l'intensité des réactions émotionnelles.

Observer une émotion permet donc de se distancier de celle-ci, afin qu'elle ne vous submerge pas. Par exemple, si vous ressentez de la colère, demandez-vous où elle se manifeste. Ce peut être un mal de ventre, par exemple. Si c'est la tristesse qui vous envahit, vous avez peut-être la gorge nouée. Le simple fait d'observer l'émotion dans son corps, sans chercher à la modifier, la désactive.

Si c'est trop difficile de vous centrer sur votre émotion, vous pouvez aussi vous concentrer sur votre environnement : les différents points de contact de votre corps sur votre siège, votre montre sur votre poignet, bref tout ce qui vous ramène à votre réalité sensorielle et moins à votre ressenti émotionnel.

Quand je me retrouve en situation de stress et que je veux le faire baisser en toute discrétion, je pratique la respiration ventrale. Je gonfle mon ventre à l'inspiration et le vide à l'expiration, en exagérant l'amplitude de mon ventre, en respirant silencieusement et par le nez.

Je peux aussi recourir à la cohérence cardiaque[15] pour faire retomber la pression et me recharger après un moment éprouvant.

Testez différentes techniques et voyez ce qui fonctionne pour vous.

Préservez les émotions de l'autre

Je vous l'ai dit préalablement, votre interlocuteur est dans le registre rationnel. Mais avant d'être un employeur, un DRH ou un supérieur hiérarchique, c'est avant tout un être humain. Il peut donc à tout moment basculer dans l'émotionnel, par exemple parce qu'il se sent trahi ou remis en cause.

Pour éviter cela, il va falloir préserver ses émotions en exprimant les vôtres de manière constructive. Privilégiez des déclarations en « je ». Selon une formule désormais consacrée, « le tu qui tue », et privilégiez toujours le « je » dans le « jeu » de la négociation. Par exemple, « Je me sens préoccupé par mon avenir professionnel » plutôt que « Vous ne vous souciez pas de moi ». Cela permet d'exprimer vos sentiments sans accuser l'autre partie. C'est de la communication non violente (CNV).

Personne ne peut vous critiquer ou contredire votre ressenti. En revanche, en « accusant » votre interlocuteur, vous allez immanquablement provoquer une réaction hostile, de rejet, qui va vous éloigner considérablement de votre objectif.

Si malgré vos précautions, votre interlocuteur manifeste des émotions, comme la colère ou la déception, accueillez-les de manière calme et professionnelle. Ne vous placez surtout pas en position défensive ni en surenchère agressive. Utilisez l'écoute active et les questions ouvertes pour calmer les situations tendues. Montrez que vous comprenez ce que l'interlocuteur vous explique, avec empathie.

---

15. La cohérence cardiaque est une technique de respiration contrôlée qui aide à réguler le rythme cardiaque et à réduire le stress, favorisant ainsi un état de calme et d'équilibre émotionnel.

Une erreur communément commise sur l'empathie est de penser qu'elle signifie partager l'émotion de l'autre alors qu'elle suppose uniquement de la voir. Ce qui est déjà beaucoup pour certaines personnes. Créer du lien grâce à l'empathie va permettre d'influencer la négociation.

Négocier, c'est comprendre le besoin psychologique de votre interlocuteur. Si vous ne disposez pas de cette sensibilité et ne comprenez pas l'autre, en négligeant ses émotions, vous ne serez jamais un bon négociateur.

Utilisez l'émotion comme outil d'influence dans la négociation

Vous avez montré de l'empathie pour votre interlocuteur ; maintenant, faites en sorte qu'il en ressente pour vous.

La négociation c'est 80 % d'empathie, 20 % de techniques et de tactique.

Les émotions pour renforcer vos arguments

Quand elles sont mesurées, vos émotions sont un vecteur de communication non verbale. Lorsque vous restituez votre script pendant le premier entretien, vos émotions viennent habiller votre parole.

Un acteur n'est bon qu'à la condition de communiquer des émotions, parce qu'alors, nous vivons le moment avec lui. Son art est de les transmettre de manière juste et donc modérée, sinon nous percevons immédiatement le décalage, notre attention se focalise sur l'excès, son jeu perd toute crédibilité, voire il nous agace.

Il en est de même pour vous, plus vous serez honnête dans la communication de votre ressenti, en prenant soin de recourir à un langage approprié, plus vous serez crédible. Votre émotion viendra donc appuyer votre discours, permettant à votre interlocuteur de mieux comprendre ce que vous avez vécu. Et si vous êtes juste, de créer une empathie, créatrice de lien.

Les émotions pour créer du lien

Pour être juste, il faut aussi vous montrer juste. Pour cela, partagez des expériences positives vécues au sein de votre entreprise. Vous avez nécessairement constaté des aspects positifs dans votre travail : des compétences que vous avez acquises, des personnes qui vous ont aidé, des moments gratifiants.

Les reconnaître ne dénaturera pas votre souhait de partir, mais démontrera au contraire que vous avez pris le temps de la réflexion et que vous avez mesuré les différents paramètres pour prendre la meilleure décision possible.

Communiquer sur ces éléments fera naître chez votre interlocuteur une émotion d'apaisement par la reconnaissance que vous exprimez. Il ressentira également de la fierté, car il sera flatté, ce qui marche à tous les coups, dès lors que c'est mesuré. Si votre interlocuteur se sent reconnu et apaisé, il sera plus conciliant et plus enclin à vous aider.

Les émotions pour renforcer vos demandes

Vous avez utilisé les émotions pour contextualiser votre souhait de départ. Maintenant, vous allez les utiliser pour renforcer vos demandes.

J'attire votre attention sur le fait que ces deux séquences ne sont pas nécessairement liées. Je vous conseille même plutôt de les dissocier, c'est-à-dire d'exprimer d'abord vos interrogations sur votre avenir au sein de la société, puis votre souhait de partir et enfin, vos demandes chiffrées.

Justement, c'est au moment de parler d'argent, le nerf de la guerre, que les relations se crispent. Vous allez donc devoir remettre du liant, de la pommade d'une certaine façon, par l'apaisement. N'hésitez pas à marquer de nouveau de la reconnaissance, sans obséquiosité, puis basculez sur votre engagement et votre loyauté envers l'entreprise.

Cela sera doublement rassurant pour votre interlocuteur. Il sait que vous ne critiquerez pas l'entreprise, ce que les employeurs veulent généralement éviter, d'où la présence d'une clause de non-dénigrement dans les accords de négociation. Et vous le rassurez aussi sur la continuité du service pendant les discussions, et jusqu'à votre remplacement, en poursuivant le traitement de vos dossiers, et en finalisant tout ce que vous pouvez pour laisser place nette au moment de votre départ.

Une fois cette base émotionnelle de votre interlocuteur stabilisée, vous pourrez entrer dans le vif du sujet : vos demandes chiffrées, que vous allez soutenir par des justifications émotionnelles. Par exemple : « Je suis actuellement en burn-out et je vais avoir besoin de temps avant de reprendre un autre travail. »

Vous expliquez pourquoi cette somme vous est nécessaire, que votre demande ne repose pas sur un caprice, mais qu'elle est un moyen qui vous permet d'envisager l'avenir de façon sereine et constructive. Ce faisant, vous indiquez que la somme que vous demandez n'est pas une punition à l'encontre de la société, mais une sécurité pour vous. Il ne s'agit pas de le dire précisément à l'employeur en ces termes, mais que cela devra se refléter dans votre attitude, dans la manière dont vous formaliserez votre demande.

Cette perspective change radicalement la donne. Vous pouvez même aller plus loin dans vos explications en précisant que vos enfants suivent une scolarité supérieure onéreuse, ou transmettre toute information pour une meilleure compréhension de votre situation et de vos attentes, sans tomber dans le misérabilisme. En décrivant votre réalité, souvent partagée par de nombreuses personnes, vous créez la possibilité d'un lien. Ce lien sert à susciter une empathie, et peut-être même de la sympathie.

Transformez l'empathie en sympathie

Si vous avez bien géré tout ce qui précède, vous avez peut-être fait basculer votre interlocuteur de l'empathie à la sympathie, à son insu.

Par la contagion émotionnelle

Souvenez-vous, l'empathie, c'est percevoir ce que l'autre ressent, mais sans éprouver l'émotion. Quand l'émotion est ressentie, on bascule dans la sympathie. C'est la même chose lorsque vous regardez un film triste et que vous pleurez. Pourtant ce n'est qu'une fiction, jouée par des acteurs. Mais il se produit un phénomène de contagion émotionnelle, à votre insu. Cela arrive tous les jours.

La contagion émotionnelle est le processus par lequel les émotions d'une personne influencent et déclenchent des émotions similaires chez les autres. Cela se produit généralement de manière automatique et inconsciente, à travers des mécanismes comme l'empathie, l'imitation et les interactions sociales. Par exemple, voir quelqu'un sourire peut vous faire sourire et vous faire sentir heureux, tandis que voir quelqu'un triste peut vous rendre triste également.

D'où l'importance consacrée par ce chapitre à la gestion des émotions, pour influencer positivement votre négociation de départ.

Par le contact

Pour appuyer ce phénomène de contagion émotionnelle, un outil utile, mais délicat, est le toucher, parce qu'il permet d'établir une connexion. L'être humain est un animal social qui a besoin de contacts, d'où la recrudescence de dépressions pendant le Covid et le télétravail généralisé. Les salariés se voyaient toujours, mais uniquement à travers le filtre d'un écran. Or, les gens ont besoin de contacts. Pour s'en assurer, il suffit de choisir un bout de plage isolé ou une rangée de fauteuils libres dans le métro ou dans un cinéma et vous verrez rapidement quelqu'un s'installer pile à côté de vous ! C'est quasiment aussi automatique que la tartine qui tombe au sol côté beurré. Les humains aiment la proximité.

Pour établir ce contact, vous pouvez pratiquer le *one-arm touch*, qui peut se traduire par le « touché du bras ». Cette expression décrit le fait de toucher légèrement le bras de quelqu'un pendant une conversation pour établir un lien ou montrer de l'empathie. Attention toutefois, cela vaut dans nos cultures latines. En revanche, c'est inenvisageable dans d'autres cultures, la japonaise par exemple.

Ce toucher, lorsqu'il est culturellement admis, doit répondre à plusieurs limites. Il doit être léger et bref. Un toucher trop long ou trop ferme pourrait être interprété de façon équivoque. Il doit être utilisé avec parcimonie. Ne passez pas votre conversation à toucher l'autre, faites-le plutôt à des moments stratégiques de la conversation, par exemple, pour montrer de la gratitude ou pour renforcer une demande importante.

Ce geste doit aussi se pratiquer dans le respect des limites personnelles. Nous parlons du toucher du bras, n'allez surtout pas vous aventurer sur des zones plus personnelles, telles que le cou ou les épaules. Et quand vous le faites, soyez attentif aux signaux de l'autre personne. Si elle semble mal à l'aise ou se retire, respectez ses limites et évitez de répéter le geste.

J'en profite pour apporter une précision sur la distance corporelle. En général, les discussions professionnelles se déroulent autour d'une table, laquelle vient créer une frontière. Mais que ce soit au moment des salutations, ou si la discussion se produit de façon impromptue dans un couloir, je vous en conjure, respectez une distance de sécurité entre votre interlocuteur et vous. Certaines personnes ne réalisent pas combien d'autres ont besoin de préserver un espace autour d'elles et combien le fait de pénétrer cet espace vital peut les conduire à se sentir agressées. Alors l'écoute et l'empathie seront compromises, car votre interlocuteur songera uniquement à se libérer de votre présence et à s'éloigner de vous.

À mon sens, la meilleure manière d'utiliser le *one-arm touch* consiste à toucher l'avant-bras de votre interlocuteur au moment des salutations, de fin de discussion, pour ainsi sceller vos échanges, à la condition que pendant l'entretien, vous n'ayez senti aucun indice de distanciation.

Lisez l'autre pendant la négociation grâce à la synergologie

Pendant les entretiens de négociation, vous allez devoir penser à votre script, à gérer votre communication et vos émotions tout en observant votre interlocuteur, car ses attitudes vous donneront des indications précieuses afin d'adapter votre discours.

La synergologie est une discipline créée en 1996 par le Québécois Philippe Turchet, qui se présente comme l'étude du langage corporel, en particulier des microgestes involontaires, pour comprendre les émotions et les pensées non exprimées d'une personne. Bien que cette discipline suscite des débats sur sa validité au sein de la communauté scientifique, elle propose des observations intéressantes quant à la communication non verbale.

Cet ouvrage n'étant pas dédié à la synergologie, je vais me contenter de vous transmettre quelques astuces pour décrypter les sentiments de votre interlocuteur pendant votre négociation. La zone corporelle la plus visible lors d'une négociation, qui se déroule souvent autour d'une table, est la partie supérieure.

Les mouvements de tête

Ils sont assez faciles à observer et livrent trois types d'informations.

L'axe hiérarchique

La position du menton de votre interlocuteur vous oriente sur son positionnement à votre égard. Par exemple, si son menton est levé, alors à ce moment précis, il se sent supérieur par rapport à vous. Si le menton est baissé, ce n'est pas un sentiment d'infériorité qu'il manifeste, mais plutôt de soumission, par exemple : « Je ne serai pas un obstacle », « Je vais vous laisser faire », « Je me sens coupable de vous en avoir trop demandé ».

L'axe empathique

Le sens dans lequel votre interlocuteur incline sa tête latéralement, c'est-à-dire lorsque les oreilles s'approchent de l'épaule, indique la façon dont il reçoit votre message.

Une inclinaison latérale droite renvoie à une résistance, un renfermement, un stress tandis que si sa tête s'incline latéralement vers la gauche, vous avez une oreille attentive qui indique que votre interlocuteur se détend et s'abandonne.

L'axe hémisphérique

Une autre rotation est celle de la tête lorsque la personne regarde à droite ou à gauche. Si votre interlocuteur tourne la tête vers sa gauche, il vous exposera son oreille droite, alors cela témoigne d'une posture d'analyse de l'information, tandis que s'il la tourne dans l'autre sens, il s'ouvre à la relation avec vous, à la connivence. La relation prime alors sur l'information.

Les quadrants du regard

L'œil est la seule partie du cerveau visible en dehors de la boîte crânienne et permet d'établir une connexion directe avec les pensées de votre interlocuteur. La synergologie estime expliquer 80 % des regards, 20 % restent inexpliqués à ce jour.

Les quadrants cognitifs sont composés ainsi :

- le passé cognitif constitué de souvenirs et d'expériences mentales qui influencent les pensées actuelles ;
- le passé émotionnel concerne les émotions passées qui affectent l'état émotionnel présent ;

- le futur cognitif rassemble les projections mentales basées sur la réflexion et la planification ;
- le futur émotionnel est relatif aux attentes émotionnelles quant à l'avenir et influence les sentiments actuels.

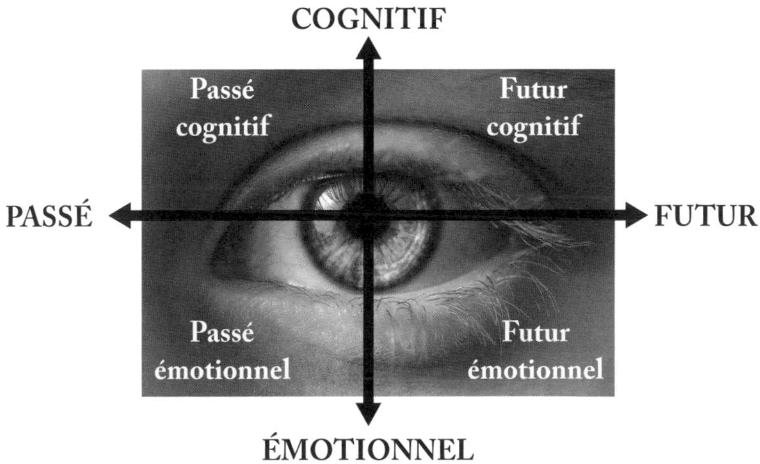

Le langage corporel

Depuis que vous êtes en âge de passer des entretiens, vous avez entendu qu'il ne faut jamais croiser les bras ou les jambes, signe de fermeture à l'autre. C'est inexact !

On peut tout à la fois avoir les bras et les jambes fermés, mais être ouvert à l'autre. La véritable signification dépendra de l'attitude générale de la personne et de son contexte. Par exemple, votre interlocuteur a les jambes et les bras croisés, mais il est tourné vers vous, signe de son ouverture à la communication. Il en est de même si son buste est orienté vers vous.

Comprendre les intentions réelles de votre interlocuteur n'est pas facile lors d'une réunion puisqu'il vous faudra observer ses jambes et pieds. S'ils s'orientent vers la sortie, cela peut signifier qu'il se sent mal à l'aise ou qu'il est impatient de partir.

Les mains peuvent révéler beaucoup d'informations. Par exemple, des mains ouvertes et visibles suggèrent généralement l'honnêteté et la disponibilité, mais cachées, elles peuvent marquer la réticence ou le secret.

Des mains visibles, mais fermées, sont un signe de repli sur soi, témoignant que la personne est concentrée sur ce qu'elle ressent, tandis que si elle les ouvre, elle entend vos propos.

La voix

Le ton de la voix peut souvent en dire plus que les mots eux-mêmes. Une voix qui part dans les aigus révèle un interlocuteur occupé par ses pensées « une voix de tête », lequel n'est plus ancré dans ses émotions. De même, si le rythme de sa diction s'accélère, votre interlocuteur manifeste une insécurité dans l'échange. En sachant cela, veillez vous-même à votre voix ! Plus elle sera posée, dénuée de « pics », plus vous paraîtrez sûr de vous et déterminé.

Les micro-expressions

Il est encore plus difficile de se focaliser sur les micro-expressions que nous avons tous, de façon incontrôlable. Elles sont pourtant très utiles pour détecter une dissonance entre les propos de votre interlocuteur et ses gestes ou expressions faciales. Une incongruence peut indiquer un malaise ou un mensonge. Par exemple, si la personne vous dit : « Je comprends ton besoin » tout en se frottant les yeux ou en se pinçant le nez, c'est faux ! Fermer un récepteur sensoriel démontre que votre interlocuteur bloque toute communication avec vous.

Si vous êtes au moins aussi âgé que moi, vous avez dû suivre le procès de l'ancien président américain Bill Clinton dans l'affaire de la robe noire de Monica Lewinsky. Lors de son audition, tous ses gestes ont été décryptés. Les plus grands analystes se réjouissaient alors de le voir toucher son nez, signe évident de mensonge pour eux.

Là encore, la nuance est de mise. Toucher son nez peut revêtir plusieurs significations, allant de la curiosité au rejet. Ainsi, vous gratter le bout du nez signifie curiosité, vouloir en savoir plus, tandis que pincer son nez indique du rejet : « Je ne le sens pas. ». Plus compliqué, si vous voyez votre interlocuteur se gratter l'aile de la narine droite, cela peut révéler qu'il ment, cache ou exagère quelque chose. S'il se gratte l'aile gauche, c'est qu'il vous soupçonne de mentir, cacher ou exagérer quelque chose.

Pour que ces gestes aient un sens, il doit s'agir de microdémangeaisons et non de véritables démangeaisons. La différence est en général assez visible.

Une manifestation que j'aime bien est la goutte du malaise. Quand vous donnez à votre interlocuteur une information qui le met mal à l'aise, vous sentez que sa bouche devient pâteuse. Il y a une explication physiologique à cela. Le stress active le système nerveux sympathique, qui prépare le corps à une réponse de « combat ou de fuite ». Cette activation augmente la production de certaines hormones, comme l'adrénaline et le cortisol, qui peuvent entraîner une déshydratation par l'augmentation de la transpiration et de la fréquence respiratoire. Ou alors, la personne n'a pas vraiment soif, elle ne s'hydrate pas suffisamment, elle cherche à se calmer, à camoufler son malaise.

Dans les deux cas, cette goutte révèle une gêne de votre interlocuteur, et quand vous êtes vous-même en situation de stress intense, cela peut aussi vous rassurer de ne pas être seul à le ressentir, et vous détendre.

Les négociations entre avocats se déroulant majoritairement par téléphone, ces indices sont plus difficiles à percevoir, mais une oreille exercée permet d'entendre une modification de la sonorité de la voix quand la bouche de l'autre devient sèche.

L'objectif des informations transmises dans ce chapitre est de vous aider à faire basculer votre contradicteur d'une posture d'adversaire à interlocuteur neutre, puis à partenaire professionnel, voire à complice de négociation. Ce processus qui tient en deux lignes est le fruit d'un travail considérable, faisant appel à tous les outils, et même davantage encore, vus dans cet ouvrage. Oui, la négociation est tout un art !

TÉMOIGNAGE

Le cas de Jean

Jean, 57 ans, est directeur général adjoint d'une société. Cela fait désormais plus de vingt ans qu'il y travaille.
Depuis cinq-six ans, il subit les relations avec sa supérieure hiérarchique directe, qui lui semble être froide, cassante et dénigrante.
À force de tenir le coup, sa santé s'essouffle et il a des alertes cardiaques. Son épouse lui conseille de contacter un avocat.
Lorsque nous nous rencontrons, nous parlons longuement de cette supérieure et la visualisation de sa photographie confirme son caractère dur et autoritaire. D'ailleurs, Jean n'est pas le seul à en souffrir.
Quand il parle de son vécu au sein de l'entreprise, je ressens toutes les rancœurs, frustrations et humiliations accumulées par lui ces dernières années. Nous devons donc canaliser ces émotions pour que le premier entretien soit le plus apaisé possible et qu'il nous permette de préserver nos chances de négocier. C'est en ce sens que la stratégie et le script sont élaborés.
En parallèle, je dois régulièrement calmer ses moments d'agacement à l'égard de sa supérieure. D'ailleurs, Jean a eu le mérite de reconnaître qu'il a fait appel à un avocat en raison de son tempérament méditerranéen, qui aurait pu le conduire à laisser libre cours à sa colère. Il a très bien géré le premier entretien qui a permis ensuite aux avocats de se parler et de négocier entre eux.
Exceptionnellement, le rendez-vous de signature s'est déroulé entre les parties et leurs conseils. J'ai donc rencontré la supérieure, dont l'attitude et la personnalité étaient en tous points conformes à la description faite par Jean jusqu'à présent!
Pour l'anecdote, Jean a signé un nouvel emploi de directeur général avant la fin de son préavis. Une de ses collègues qui avait été placée en arrêt maladie l'est restée pendant deux années et son dossier, amené devant la juridiction, n'est toujours pas réglé trois ans après!

À retenir : les points clés du chapitre

- **Importance des émotions :** les émotions jouent un rôle crucial en négociation, elles influencent les perceptions et les décisions des participants.
- **Courbe du deuil :** faire le deuil de votre emploi et de votre entreprise vous conduira à vivre plusieurs émotions de base.
- **Gérer ses propres émotions :** comprendre et réguler ses émotions est essentiel pour maintenir l'objectivité et la stratégie pendant les discussions.
- **Influence des émotions sur les autres :** utiliser le langage émotionnel pour créer de l'empathie et établir un lien, afin de faciliter une interaction plus constructive.
- **Utilisation stratégique des émotions :** intégrer les émotions de manière stratégique dans la négociation peut aider à renforcer les arguments et à influencer positivement l'issue de la négociation.
- **Lecture des émotions :** observer les micro-expressions et le langage corporel pour comprendre les émotions non verbalisées de l'autre partie peut donner des indices précieux sur ses vrais sentiments et intentions.
- **Préparation émotionnelle :** se préparer à gérer les émotions pendant la négociation par des techniques telles que la visualisation ou la méditation pour réduire le stress et augmenter la concentration.

CHAPITRE 9

Trouvez un bon accord

Nous voilà maintenant arrivés au moment du chiffrage. C'est le nerf de la guerre. Les gens sont généralement conciliants sur le principe du départ jusqu'à ce qu'on aborde la question cruciale du « combien » !

Combien demander ?

Pour déterminer une somme raisonnable, il faut partir des sommes que vous pourriez demander si vous alliez devant le conseil de prud'hommes. En effet, l'employeur raisonne toujours en fonction de son « risque judiciaire ».

Le légal

Il existe plusieurs sommes dues au titre de la loi, de la convention collective nationale applicable (l'indication figure sur votre bulletin de salaire) ou de votre contrat de travail. C'est la disposition la plus favorable pour le salarié qui s'applique toujours.

Le préavis

Votre contrat de travail ou la convention collective précise la durée, selon votre statut. À défaut, la loi stipule que, pour les non-cadres, il est d'un mois si votre ancienneté est comprise entre six mois et deux ans, et de deux mois au-delà. Pour les cadres, il est généralement de trois mois.

L'indemnité légale

Il s'agit de l'indemnité de licenciement ou de l'indemnité spécifique de rupture conventionnelle homologuée. La première s'applique en cas de licenciement et la seconde en cas de rupture conventionnelle homologuée, mais son mode de calcul est identique.

La loi la fixe à hauteur d'un quart de mois de salaire par année d'ancienneté pour les années jusqu'à dix ans, et d'un tiers de mois de salaire par année d'ancienneté pour les années à partir de dix ans. La convention collective applicable à votre société peut prévoir une indemnité légale plus favorable.

Qu'elle soit légale ou conventionnelle, la rémunération qui sert d'assiette de calcul est la moyenne des trois ou douze (selon la formule la plus favorable au salarié) derniers mois, avant impôts, à laquelle s'ajoute la rémunération variable, c'est-à-dire les primes et bonus. Par exemple, Firmin, qui a une ancienneté de sept ans et six mois, a perçu un salaire brut de 6 000 euros en mai, de 9 000 euros en juin grâce à un bonus et de 6 600 euros en juillet avec la prime de vacances. La moyenne de ses trois dernières rémunérations s'élève à 7 200 euros (21 600/3) et est plus favorable que celle des douze dernières.

Sur la base de la méthode légale, Firmin percevra donc au titre de l'indemnité légale de licenciement la somme de 13 500 euros, détaillée de la façon suivante :

(7 200/4 × 7 ans = 12 600) + (7 200/4/12 × 6 mois = 900) = 13 500 euros.

Si l'ancienneté de Firmin était de treize ans et six mois, elle serait alors de 26 400 euros :

(7 200/4 × 10 ans = 18 000) + (7 200/3 × 3 ans = 7 200)
+ (7 200/3/12 × 6 mois = 1 200) = 26 400 euros

Les congés payés

Ils sont dus et leur paiement ne devrait poser aucune difficulté puisqu'il est rare qu'un employeur supprime des jours de congés payés présents sur le bulletin de salaire. Il s'exposerait à un trop grand risque.

En revanche, depuis le 24 avril 2024, les périodes de maladie non professionnelle ouvrent droit à 2 jours ouvrables de congés par mois (soit 24 jours par an). Pour les maladies professionnelles, ce sont 2,5 jours de congés par mois.

Si votre entreprise ne vous les a pas comptabilisés, vous pouvez faire la demande de prise en compte. En cas de refus de l'employeur, et si vous êtes encore dans l'entreprise au moment de la demande, vous avez jusqu'au 23 avril 2026 pour agir en justice afin de réclamer des congés payés au titre de périodes antérieures. Si vous n'êtes plus dans l'entreprise, la prescription triennale[16] s'applique.

Des rappels de salaire

Peut-être avez-vous des rappels de salaires au titre de minima de salaires conventionnels, c'est-à-dire que vous vous êtes aperçu que votre salaire mensuel est inférieur à ce que prévoit la loi pour un salarié de votre catégorie professionnelle. Dans ce cas, calculer le manque à gagner est facile puisqu'il suffit de comparer le salaire perçu par celui prévu par la convention collective et de multiplier par douze mois. S'agissant d'un élément de salaire, souvenez-vous que la prescription triennale vous empêche de demander au-delà des trois dernières années et qu'il faut ajouter 10 % de congés payés.

Par exemple, Firmin perçoit une rémunération de 6 000 euros, mais sa convention collective fixe le salaire minimum pour un salarié relevant de sa catégorie à 7 000 euros. Son rappel de salaire se calcule de la façon suivante : 7 000 – 6 000 = 1 000 euros × 12 mois × 3 ans = 36 000 euros et 3 600 euros de congés payés y afférents.

Un autre rappel de salaire peut aussi être demandé au titre du forfait-jour invalide, dont je vous ai parlé au chapitre 4 sur la constitution du dossier.

---

16. La prescription triennale est un délai légal de trois ans pendant lequel une action en justice peut être intentée. Après ce délai, le droit de réclamer ou de poursuivre est éteint.

Firmin, cadre supérieur soumis au forfait-jour, travaille tous les jours de 9 h à 20 h. Sa convention de forfait-jour ne remplissant pas les conditions requises, il peut demander le paiement de ses heures supplémentaires. En effet, en travaillant 11 h par jour avec seulement 1 h de pause pour le déjeuner, il travaille effectivement 10 h par jour soit 50 h par semaine, 15 heures de plus que le temps de travail légal.

Son salaire mensuel brut est de 6 000 euros.

Ses demandes au titre des heures supplémentaires se calculent de la façon suivante :

6 000/151,67 = 39,56 euros (c'est son taux horaire normal),

majorés de 25 % pour les 8 premières heures supplémentaires hebdomadaires = 49,45 euros × 8,

et de 50 % pour les 7 heures supplémentaires hebdomadaires suivantes = 59,34 euros × 7.

Soit par semaine, un rappel de salaire de 810,98 euros bruts (395,60 + 415,38), auxquels on ajoute les 10 % de congés payés, soit un total de 892 euros, que l'on multiplie par le nombre de semaines par an (moins les congés payés), sur trois années !

Attention, s'agissant du rappel de salaire, la société n'est pas tenue de faire droit à votre demande. En pratique même, les entreprises contestent toujours devoir ces sommes, notamment au titre du rappel de salaire en forfait-jour. Seul un jugement du conseil de prud'hommes ou de la cour d'appel les oblige à payer, mais il est utile de connaître ces concepts pour pouvoir appuyer une demande d'indemnité extra-légale lors d'une négociation.

C'est encore plus le cas pour une demande au titre d'indemnité pour travail dissimulé correspondant à six mois de salaire, fondée sur le fait que l'employeur avait connaissance du nombre réel d'heures effectuées par le salarié, mais sans les inscrire sur le bulletin de salaire.

L'extra-légal

L'objectif d'une négociation de départ est déjà d'obtenir une sortie qui ne soit pas une démission et donc qui vous ouvre droit au versement des indemnités légales et au chômage.

Une bonne négociation permet d'obtenir davantage que les indemnités légales. Pour cela, vous pouvez ajouter des dommages et intérêts, au titre de la rupture et/ou au titre de l'exécution du contrat de travail. Le calcul de ces sommes est absolument libre, mais vous pouvez vous référer au barème Macron pour les indemnités au titre de la rupture.

Quant aux indemnités liées à l'exécution du contrat de travail, elles relèvent souvent d'un manquement de l'employeur à son obligation de sécurité (par exemple en cas de souffrance au travail) ou d'une discrimination ou d'un harcèlement. En général, on les chiffre autour de trois à six mois de salaire pour chaque demande.

Si vous voulez être audible et crédible, soyez le plus cohérent et le plus juste dans vos demandes. Vous pouvez vous appuyer sur différents concepts, tels qu'une discrimination ou un rappel d'heures supplémentaires, à la suite d'un forfait-jour non valide, en les listant et en les chiffrant.

Tout l'enjeu d'une négociation est de partir de suffisamment haut pour se laisser une marge de discussion, sans que cela soit trop haut pour ne pas tuer la négociation dans l'œuf. Si vous êtes excessif dans vos demandes, la partie adverse fermera la porte et il vous sera ensuite très difficile de reprendre la négociation.

Plus vous serez précis dans vos demandes, plus elles seront crédibles. C'est pourquoi le courriel contenant la première proposition financière de sortie (je dégaine toujours la première afin de placer le curseur sur une échelle haute) me demande un temps considérable. En général, c'est une heure et demie à deux heures de travail pour un courriel d'une page grand maximum. Si on enlève l'habillage de courtoisie, il représente une demi-page. Mais c'est un investissement en temps nécessaire.

L'impact social et fiscal

Ayez à l'esprit que la négociation se fait habituellement sur la base de sommes brutes, sauf lorsqu'au cours de la négociation, nous obtenons qu'elles soient nettes et que l'employeur s'acquitte des charges correspondantes.

Les charges

Selon le type de sommes, le taux de charges ne sera pas le même. S'il s'agit d'un élément de salaire, comme celui versé pendant votre préavis, ou d'un rappel de prime, les sommes versées seront traitées comme du salaire, avec l'application d'un taux d'environ 23 % du salaire brut en charges sociales.

En revanche, s'il s'agit d'une indemnité, seule s'applique la CSG-CRDS de 9,7 %, dans la limite de deux plafonds annuels de la Sécurité sociale (PASS), qui change chaque année. En 2025, le premier PASS est de 47 100 euros et le second de 94 200 euros. C'est-à-dire que si vous avez négocié le versement d'une somme de 50 000 euros bruts, vous percevrez 45 150 euros nets (50 000 – 9,7 %).

Il est aussi possible de s'exonérer du paiement de la CSG-CRDS sur les indemnités, à condition qu'elles soient versées à l'occasion d'une conciliation devant le conseil de prud'hommes et qu'elles ne dépassent pas le plafond du barème de conciliation (voir annexes). Pour cela, il faut surtout que la société soit d'accord pour mandater un représentant ou son avocat, ce qui n'est pas toujours le cas.

L'impôt sur le revenu

Si vous percevez du salaire, logiquement, il entre dans le cadre de l'impôt sur le revenu, ce qui n'est pas le cas des indemnités, lesquelles, outre leur traitement social plus léger, sont exclues de l'assiette de l'impôt sur le revenu, à condition que les indemnités cumulées ne dépassent pas :

- l'indemnité légale ou conventionnelle de licenciement ;

- 50 % de l'indemnité totale, ou
- le double de la rémunération annuelle brute perçue au cours de l'année civile précédant la rupture du contrat de travail.

Dans tous les cas, la limite est de 282 600 euros pour 2025.

Lorsque votre indemnité se situe aux alentours du plafond, il peut être intéressant de ne pas le dépasser, pour éviter de déclencher le seuil d'imposition, et de basculer le reste de la somme sur des demandes autres que de la rémunération. Par exemple, vous aimeriez 290 000 euros. Il est plus raisonnable de s'accorder sur le versement d'une somme de 270 000 euros avec la prise en charge de la facture d'un tiers (votre avocate par exemple !) à hauteur de 20 000 euros, pour optimiser les sommes dans votre poche en bout de course.

Et le délai de carence

Une fois les documents de fin de contrat reçus, vous pourrez vous inscrire à France Travail (autrefois Pôle Emploi) qui, à ce moment-là, calculera le point de départ de votre indemnisation.

Les allocations d'assurance-chômage compensent la perte de revenu due à la perte d'un emploi et constituent ainsi un revenu de remplacement.

Les indemnités versées par l'employeur à la fin du contrat de travail sont considérées comme autant de jours de revenu déjà perçus par le salarié au moment de son départ de l'entreprise, et qui ne peuvent donc se cumuler avec l'indemnité chômage. C'est la raison pour laquelle l'administration applique des délais de différé de prise en charge.

Trois délais sont applicables :

- le délai d'attente administratif (traitement de votre dossier) ;
- le différé congés payés, calculé à partir du montant des indemnités compensatrices de congés payés versées à l'occasion de la fin de votre contrat de travail au cours des six mois précédant la date de la dernière fin de contrat de travail ;

- le délai de carence, calculé en fonction des sommes reçues lors de la fin de votre contrat de travail, à l'occasion de votre solde de tout compte. Il s'applique quand ces indemnités dépassent le minimum prévu par le Code du travail. Toutes les indemnités de rupture qui excèdent ce que prévoit la loi reportent le début de l'indemnisation, même s'il s'agit d'indemnités prévues par une convention collective ou accord d'entreprise ou de branche.

Pour calculer le nombre de jours de décalage du délai de carence, il faut diviser les indemnités supérieures à ce que prévoit la loi par 107,9 (cette valeur est la même pour tous).

Ces trois délais se cumulent.

Compte tenu des restrictions apportées chaque jour par le gouvernement au régime de l'assurance-chômage, je vous invite à vérifier les conditions de prise en charge au moment de votre négociation.

Ces délais ont pour effet de décaler votre prise en charge dans le temps et non de réduire la durée d'indemnisation. Un plafond dans le délai de carence est prévu, de sorte qu'une fois que vous avez atteint cette limite et que le délai de carence maximal vous est appliqué, toutes les sommes que vous avez perçues en plus se cumuleront avec votre indemnité de chômage.

Il n'est pas possible de contourner l'application de ce délai en tentant de dissimuler les sommes que vous allez recevoir à l'occasion d'une négociation, car toute dépense impliquant un document comptable, l'entreprise émettra un bulletin de salaire, qu'elle enverra à l'administration, même s'il s'agit uniquement d'indemnités.

Il arrive parfois qu'une fois le licenciement prononcé, notamment pour faute grave, et la prise en charge par l'assurance-chômage commencée, le bulletin de salaire complémentaire envoyé par l'entreprise au titre de l'indemnité transactionnelle passe inaperçu, sans entraîner de délai de carence. C'est une possibilité qui existe, mais mince.

Dans tous les cas, je vous invite à intégrer le délai de carence dans votre négociation pour jongler entre ce différé et votre capacité à subvenir à vos besoins pendant ce temps.

Pensez hors cadre

Parfois, la négociation est bloquée. La société ne peut plus ou ne veut plus augmenter l'indemnité, et la proposition qui est faite vous semble un peu juste. Il existe plusieurs façons d'enrichir une négociation selon votre degré de créativité.

Le plus simple est une dispense de préavis, c'est-à-dire qu'il vous est payé par l'entreprise, mais sans obligation de travailler. Vous êtes payé à ne pas travailler pendant votre préavis. Ne le demandez pas spontanément, sauf en dernier recours, car l'entreprise le propose souvent pour ne pas s'encombrer du salarié. Si vous le demandez et que votre employeur vous l'accorde, il considérera vous avoir accordé une faveur et ne vous cédera rien d'autre.

Réfléchissez à ce que vous pourriez demander qui n'est pas directement de l'indemnité : compétences, outils et formations dont vous pourriez avoir besoin pour la suite de votre carrière par exemple. Cela peut être de l'*outplacement*, la prise en charge d'une formation par l'entreprise, le paiement de tout ou partie de vos frais d'avocat, la sponsorisation d'une association dont vous faites partie, etc. Autant d'idées que vous pouvez appliquer pour votre négociation.

L'avantage de la prise en charge directe par l'entreprise de l'*outplacement*, de la formation ou des honoraires d'avocat est que vous n'êtes pas chargé ou imposé dessus. Ça sort également de l'indemnité transactionnelle susceptible d'impacter le délai de carence applicable par France Travail.

Vous pouvez aussi négocier un contrat de consulting pendant une période déterminée pour vous assurer une source de revenus. Et cela permet à l'entreprise une continuité dans l'activité, tout en ayant réduit la masse salariale. Tout le monde y gagne !

Les clients demandent également souvent à conserver leur numéro de téléphone portable, ainsi que les outils informatiques. En ce qui concerne les outils liés à l'activité professionnelle, tels que le véhicule, téléphone et l'ordinateur de fonction, leur utilisation est due jusqu'à la fin du préavis.

Le cas du véhicule de fonction en leasing est une demande assez courante des clients qui en bénéficient. Bien que cette concession ne m'apparaisse pas compliquée en théorie, en pratique, elle est souvent source de refus de la part de l'entreprise qui prétexte des difficultés avec la société de leasing.

Autre chose qui est due à présent par la loi : la portabilité des contrats de mutuelle et de prévoyance pendant une période de douze mois suivant la rupture du contrat de travail.

Enfin, vous pouvez négocier la non-application de votre clause de non-concurrence. Souvent, les entreprises libèrent spontanément les salariés de la clause de non-concurrence, afin de ne pas s'acquitter de la contrepartie financière associée à cette clause. S'ils la maintiennent, vous êtes assuré d'avoir une source de revenus, même partielle, pendant la durée de la clause. Dans les deux cas, vous êtes gagnant. Inutile donc de demander à en être libéré, sauf cas particulier.

Si vous voyez la porte de la maison fermée, percez des fenêtres pour y entrer !

Les actions du *management package*

Le *management package* est un mécanisme souvent utilisé pour attirer, motiver et retenir les dirigeants salariés/cadres clés au sein d'une entreprise.

En termes simples, un *management package* est un ensemble d'avantages financiers octroyés aux dirigeants salariés minoritaires, souvent sous la forme d'actions, d'options d'achat d'actions ou d'autres instruments financiers, dans le but d'aligner leurs intérêts sur ceux des actionnaires majoritaires et d'encourager la performance à long terme.

Cependant, lorsqu'un tel dirigeant envisage de quitter l'entreprise de façon anticipée, il est impératif de comprendre les modalités de débouclage de ce dispositif pour préserver vos droits.

Les modalités de débouclage et de négociation

Le processus de débouclage d'un *management package* nécessite une planification minutieuse et une négociation fine. Le dirigeant qui souhaite quitter ses fonctions doit vérifier les conditions contenues dans les pactes d'actionnaires en cas de sortie anticipée. En effet, ils contiennent généralement des clauses à travers lesquelles les dirigeants s'engagent à céder les actions qu'ils détiennent en cas de cessation de leurs fonctions au sein de la société.

Y sont également prévues les modalités de valorisation financière de ces actions, souvent liées aux circonstances de la sortie, selon que le dirigeant acquiert la qualité de *good leaver* (celui qui part en bons termes avec l'entreprise) ou de *bad leaver*.

La première correspond à une sortie dans des circonstances considérées comme positives ou acceptables selon les termes de l'accord. Le statut de *bad leaver* est craint des cadres dirigeants, car il correspond aux départs sans motif valable ou qui relèvent d'un licenciement pour faute. De ce fait, il entraîne des conditions moins avantageuses pour l'exercice des options d'achat d'actions ou la cession des actions détenues.

Plus précisément, dans le cadre de l'attribution gratuite d'actions (AGA), trois paramètres pourront être impactés selon le statut : le *vesting*, la base de valorisation et la décote. Le *vesting* se réfère à la période pendant laquelle un bénéficiaire doit attendre avant de pouvoir exercer son droit sur les actions gratuites qui lui ont été attribuées.

Si en cas de départ en *good leaver*, le *vesting* s'applique, en revanche, un départ en *bad leaver* peut conduire à ce que 100 % des actions soient considérées comme non « vestées », c'est-à-dire non acquises, et à ce que la base de valorisation de ces actions non « vestées » soit réduite, avec l'application d'une décote, générant ainsi un préjudice important à son bénéficiaire.

Les détails spécifiques de ces mécanismes étant généralement définis dans les accords de *management package*, il est très important de prendre le temps, au moment de leur rédaction, d'en négocier les clauses. Une fois ces accords rédigés, il n'est plus possible d'en contourner l'application.

Alors, tout l'enjeu d'une négociation de sortie anticipée s'attachera essentiellement à conserver au dirigeant le statut de *good leaver* ou, quand cela n'est pas possible, à compenser les pertes liées à un statut de *bad leaver* par le versement d'autres sommes.

À cet égard, il faudra également prendre en considération les aspects fiscaux liés à un tel débouclage, notamment au regard de l'imposition sur les plus-values ou du traitement fiscal pour l'entreprise, afin de permettre une optimisation de l'enveloppe de sortie.

Il faudra se montrer d'autant plus prudent si le dirigeant bénéficie de bons de souscriptions d'actions (BSA), qui risquent de voir ses gains requalifiés par l'administration fiscale en salaires, comme l'a récemment démontré la Cour de cassation[17]. Vous trouverez en annexe un tableau comparatif des BSPCE (bons de souscription de parts de créateur d'entreprise) et BSA avec les éléments essentiels de chaque type de bons.

Normalement, vous disposez à présent de tous les éléments pour obtenir la meilleure négociation possible.

Négociez les conditions de départ de manière éthique et respectueuse

Nous avons parlé de techniques destinées à influencer votre interlocuteur, à le conduire là où vous voulez. Et pourtant, maintenant, nous évoquons l'éthique et le respect, n'est-ce pas contradictoire ou hypocrite ? Non.

17. Cass. Soc. 28 septembre 2023, n° 21-20.685.

Tout dépend de votre intention. Une fourchette en plastique ou une brosse à dents peuvent être transformées en armes létales là où un couteau aiguisé peut s'avérer inoffensif.

Si votre attitude est alignée avec vos actes, que vous êtes respectueux, ouvert et constructif tout au long des discussions, vous êtes déjà dans un cercle vertueux. Ensuite, si les outils que vous utilisez pour remplir vos enjeux sont aussi écologiques pour l'entreprise, à savoir que vous trouvez des solutions pour que votre départ ne lui cause pas de difficultés, alors vous êtes encore dans une pratique vertueuse, puisqu'elle bénéficie aux deux parties.

Vous serez également plus à l'aise avec vos anciens collègues. Et eux avec vous. Je me souviens d'un ancien client dont l'un des amis était parti en mauvais termes de l'entreprise et qui subissait, depuis, une suspicion d'actes répréhensibles de la part de l'employeur en raison de ses liens d'amitié.

Tout ce que nous avons vu jusqu'à présent et l'angle avec lequel nous l'avons vu est orienté vers une pratique éthique et respectueuse, depuis l'amorce des discussions jusqu'à la passation de compétences lors du préavis. Avec un objectif majeur : celui de préserver votre image de marque.

Votre meilleur atout : votre image de marque

On entend souvent parler de « marque employeur », expression qui désigne l'image d'une entreprise auprès de ses employés et des candidats potentiels. Elle inclut par extension les efforts de marketing et de communication qui visent à l'améliorer et à la diffuser afin de conserver un pouvoir d'attractivité auprès des clients, des investisseurs et pour le recrutement de personnel de qualité.

Il en est de même pour vous, salarié. Partons du principe que vous êtes une société, la « MMI Company ».

Je fais ici un aparté pour vous raconter une anecdote. Il y a une dizaine d'années, j'assistais un client salement licencié d'un grand groupe automobile allemand, lequel, pour minorer l'indemnité versée au titre du préjudice subi par le salarié du fait de la rupture brutale et injuste du contrat de travail, avait consulté le compte LinkedIn du salarié. Tout victorieux, l'employeur avait brandi dans ses conclusions devant le tribunal le nouveau poste de mon client au sein de la « MMI Company ». J'avoue avoir ressenti un certain plaisir à expliquer à l'employeur que MMI signifiait « Me, Myself and I », soit en français « Moi, moi-même et je » et qu'il s'agissait uniquement d'un subterfuge du salarié pour ne pas laisser un espace vide dans son CV et rester donc attractif pour des recruteurs potentiels.

Donc vous incarnez la MMI Company, et votre objectif est de la faire prospérer. Pour cela, il vous faut rendre son offre attractive, c'est-à-dire soigner votre image de marque. C'est ce pouvoir d'attractivité auprès de votre employeur, actuel ou potentiel, qui fait votre valeur sur le marché. C'est votre employabilité.

Votre image de marque se construit au fil des années, depuis votre formation initiale jusqu'à vos différentes expériences professionnelles, sur la base de vos compétences et de vos valeurs humaines. Cela fait donc des années que vous travaillez votre réputation, sur laquelle vous capitalisez. C'est votre meilleur actif ou « *asset* » (terme financier pour désigner des biens ou des ressources possédés par une entreprise ou un individu). Vous ne pouvez vous permettre de l'écorner et devez impérativement la préserver, car tout finit par se savoir.

Mes clients me disent toujours que leur milieu est un petit milieu. Cela fait plus de vingt ans que je ne rencontre que des petits milieux ! J'en déduis donc que tous les milieux sont petits. Au-delà de la taille – qui ne compte jamais vraiment – ce qui va surtout primer, c'est d'agir en adéquation avec vos valeurs.

Tous mes clients (et on a les clients qui nous ressemblent) privilégient une action éthique, responsable et respectueuse, avant tout pour eux-mêmes, pour se sentir à l'aise dans leurs souliers lorsqu'ils se regardent dans le miroir.

Et l'expérience avec Ange (voir ci-après) m'a appris qu'il ne faut jamais insulter l'avenir. Peut-être aujourd'hui n'avez-vous pas la moindre envie de travailler pour votre employeur actuel, mais dans cinq, dix ou quinze ans, qui sait? C'est la raison pour laquelle un bon accord passe nécessairement par la préservation de votre image de marque.

Comment savoir qu'on a obtenu un bon accord ?

Vous l'avez compris au cours de la lecture des chapitres précédents, un bon accord n'est pas celui au cours duquel vous avez pratiqué la politique de la terre brûlée. Du moins, ce n'est pas ma conception, principalement pour votre image de marque. Je trouve préférable d'obtenir une indemnité de départ moins élevée, mais de vous préserver vous, votre énergie et votre avenir.

Un bon accord est celui pour lequel le maximum a été fait, lorsque vous êtes allé au point de rupture, sans rupture consommée. Comme s'il s'agissait d'un élastique sur lequel vous tirez et lorsque vous sentez qu'il va lâcher, vous lâchez vous-même.

Attention, il faut savoir garder sa lucidité et sa clairvoyance pour parvenir à ce point de bascule en préservant l'équilibre de la relation avec l'autre. Si vous êtes un éternel insatisfait, joueur ou revanchard, vous pouvez facilement basculer. À l'inverse, si vous êtes de nature prudente, voire craintive, vous pouvez arrêter la négociation trop tôt.

Dans la mesure où vous avez établi votre POE (position, objectif et enjeu) et vos seuils, c'est assez facile de déterminer la qualité de votre accord. Surtout s'il respecte votre enjeu.

TÉMOIGNAGE

Le cas d'Ange

J'aurais pu commencer ce livre en parlant d'Ange. De fait, je l'ai déjà mentionné lorsque je vous parlais de l'un de mes clients m'ayant fait découvrir la méthode de la négociation raisonnée de Harvard. C'est grâce à lui que ma carrière dans la négociation de départ s'est concrétisée. J'en faisais avant, mais sans réaliser que je pouvais en faire une pleine activité.

Ange, 35 ans, est consultant dans un cabinet de conseil international depuis trois ans quand nous nous rencontrons. Un an plus tôt, il s'était fait élire au comité d'entreprise et au comité d'hygiène, de sécurité et des conditions de travail et ressentait depuis une mise à l'écart.

Ange est Corse. Il a le tempérament volontaire que l'on connaît aux Corses. Il est aussi très intelligent et stratège. Nous utilisons ses fonctions électives pour développer un contre-pouvoir/pouvoir d'opposition, mais toujours de façon respectueuse et intelligente. Grâce à cela, il a réussi à instaurer une relation de confiance avec le DRH, auprès de qui son départ a été négocié. Entre cette discussion et le départ d'Ange, une année complète s'est écoulée, pendant laquelle il s'est engagé à calmer les dossiers sociaux. La négociation a été excellente, Ange est parti avec l'équivalent de trente mois de salaire pour une ancienneté de cinq ans ! Il a aussi obtenu le financement d'un MBA de 28 000 euros, représentant encore plus de trois mois de salaire.

Le plus beau dans tout cela, c'est que le DRH a regretté son départ, car Ange était devenu un allié. Notre stratégie, qui s'est avérée gagnante, était de faire d'Ange un problème du système, puis sa solution.

Ange a rapidement retrouvé un emploi… dans le même groupe, mais à Singapour !

Mon histoire d'amour avec la négociation a débuté avec ce dossier.

À retenir : les points clés du chapitre

- **Chiffrage :** estimer une somme raisonnable basée sur les risques judiciaires possibles et les indemnités légales ou conventionnelles.
- **Indemnités légales, conventionnelles et contractuelles :** comprendre les différentes indemnités dues, y compris le préavis et l'indemnité de licenciement.
- **Rappels de salaire :** vérifier ses droits dans la limite de trois années.
- **Extra-légal :** négocier au-delà des indemnités légales afin d'inclure des dommages-intérêts pour rupture et/ou exécution du contrat, liés à des manquements de l'employeur.
- **Considérations fiscales et sociales :** comprendre les implications fiscales et sociales des sommes pour optimiser le montant net reçu.
- **Options créatives :** explorer des solutions créatives pour enrichir l'accord, comme des dispenses de préavis, des formations, ou des services d'*outplacement* financés par l'entreprise.
- **Gérer les *management packages* :** pour les cadres dirigeants, gérer les implications des *packages* de management lors de la sortie, notamment en ce qui concerne les options d'achat d'actions ou les bonus liés à la performance.
- **Négocier éthiquement :** s'assurer que la négociation reste éthique et respectueuse, en préservant son image de marque personnelle et professionnelle.
- **Indicateurs d'un bon accord :** un bon accord est atteint lorsque toutes les parties estiment que leurs intérêts ont été équilibrés et que les conditions de la séparation permettent une transition positive pour le futur.

PARTIE III

L'aboutissement

La dernière partie du livre est aussi la dernière manche de la partie du jeu de la négociation.

Soit tout votre travail a débouché sur un accord, et c'est une merveilleuse nouvelle, car vous vous approchez de votre alignement, soit vos tentatives ont échoué et un accord n'a pas été possible.

Si votre enjeu est votre réalignement, nous allons identifier d'autres options pour vous permettre d'y accéder. Car si la négociation dépend de l'accord de votre interlocuteur, vous conservez votre liberté d'action, celle qui vous permet d'atteindre l'alignement recherché.

CHAPITRE 10

On est d'accord, et maintenant ?

Bravo, vous avez réussi à trouver un accord sur le principe de votre départ et sur le montant que vous allez recevoir ! Vous pouvez respirer, mais pas souffler encore totalement ; il va falloir rester attentif pour la mise en musique de l'accord, car le diable se niche dans les détails.

Selon Tony Blair, ancien Premier ministre britannique ayant connu quelques conflits internationaux, dont le conflit au Kosovo et la guerre en Irak, « l'accord est le point de départ, pas la fin ».

Quel type de rupture privilégier ?

Plusieurs types de rupture sont possibles. La plus connue et la plus souvent demandée est la rupture conventionnelle homologuée.

La rupture conventionnelle homologuée (RCH)

Introduite dans le Code du travail par la loi du 25 juin 2008 portant modernisation du marché du travail, elle est plébiscitée par les entreprises et les salariés. En 2021, la DARES[18] enregistrait

18. Direction de l'animation de la recherche, des études et des statistiques.

454 000 ruptures conventionnelles individuelles dans le secteur privé en France métropolitaine[19].

La procédure

Sorte de contrat entre l'employeur et le salarié, elle formalise tant le principe que les modalités financières de la rupture. La date de la rupture figure dans le document. Elle ne peut être inférieure à un délai de cinq semaines, correspondant aux différents délais de réflexion et d'homologation.

Y figure également la date de l'entretien au cours duquel est signé le formulaire, et qui fait courir le délai de réflexion et de rétractation pendant quinze jours calendaires, c'est-à-dire tous les jours de la semaine, sans exception. Le lendemain de l'expiration de ce délai, l'employeur adresse le formulaire à la DREETS[20] (sorte d'échelon supérieur à l'Inspection du travail). Cette dernière dispose d'un délai d'instruction de quinze jours ouvrables (tous les jours à l'exclusion du dimanche et des jours fériés chômés) pour statuer.

Le silence de la DREETS implique l'homologation tacite de la rupture conventionnelle, sauf pour les salariés protégés pour lesquels il faut attendre une autorisation expresse, le silence valant refus. À l'issue de cette période, le contrat de travail est rompu.

Tel est le seul délai applicable, à l'exclusion de tout préavis. Par exemple, Firmin et son employeur se rencontrent et signent le formulaire de rupture conventionnelle homologuée le 10 novembre 2025. Les parties peuvent se rétracter jusqu'au 25 novembre 2025. Le lendemain, le formulaire est adressé à l'administration. La rupture du contrat peut intervenir au plus tôt le lendemain de la fin du délai d'instruction de quinze jours ouvrables, soit au plus tôt le 16 décembre 2025.

19. « Les ruptures conventionnelles en 2021 », DARES Résultats n° 37, 2 août 2022.
20. Direction régionale de l'économie, de l'emploi, du travail et des solidarités.

Si vous êtes cadre et que vous avez légalement droit à un préavis de trois mois, vous perdez le bénéfice d'un mois et demi de préavis (3 mois - 5 semaines) et donc de la rémunération correspondante.

Le savoir vous permet de prendre vos dispositions pour déterminer la date de votre éventuelle embauche à venir afin d'intégrer ce manque à gagner dans l'enveloppe de négociation.

Les sommes de la RCH

La somme versée à l'occasion de la rupture conventionnelle homologuée figure également dans le document. Elle ne peut être inférieure à l'indemnité conventionnelle ou légale de licenciement, selon la méthode de calcul la plus favorable au salarié, comme expliqué au chapitre précédent. Cela est donc le minimum que l'entreprise doit verser au salarié, faute de quoi l'administration refusera la validation de la rupture. L'entreprise peut parfaitement décider de verser davantage au salarié. Seul un plancher existe, mais aucun plafond.

Pour le confort de tous, l'administration met au service de ses usagers sur Internet[21] une aide à la définition du calendrier et un calcul de l'indemnité de rupture.

Les atouts de la RCH

La simplicité de cette modalité de rupture la rend facilement accessible au plus grand nombre. Elle présente l'avantage majeur de permettre au salarié de ne pas être considéré comme démissionnaire et d'être ainsi admis au bénéfice du régime de chômage.

L'intérêt pour l'entreprise réside dans le fait qu'une fois validée, la rupture conventionnelle homologuée ne pourra plus être contestée par le salarié. Cela lui offre donc une sécurité juridique.

21. www.service-public.fr/particuliers/vosdroits/R32720

Les risques de la RCH

La sécurité juridique de l'employeur représente, en contrepartie, un inconvénient pour le salarié.

Imaginons Firmin, tout joyeux d'avoir obtenu l'accord de son entreprise pour partir, bénéficier du chômage et percevoir en plus la somme de 13 500 euros bruts après sept ans d'ancienneté.

Il réalise trois mois après être parti que son ancienne collègue Amal a, elle, perçu 15 000 euros après seulement cinq ans d'ancienneté, pour une rémunération similaire. Furieux, Firmin veut remettre en cause l'accord intervenu avec l'employeur et renégocier. Cela lui est impossible. La rupture conventionnelle homologuée ne peut pas être remise en cause, sauf s'il démontre avoir souffert d'un vice de son consentement[22], que la procédure de rupture conventionnelle n'a pas été respectée ou que l'indemnité de rupture conventionnelle ne lui a pas été versée.

La seule possibilité de négocier portera sur les modalités d'exécution du contrat de travail. Par exemple, si Firmin réalise qu'il était discriminé en matière de rémunération, il pourra alors essayer de négocier uniquement sur des faits qui se sont déroulés pendant qu'il était salarié, même si entre-temps le contrat a été rompu. Il dispose de cinq années pour le faire, car la prescription en matière de harcèlement ou de discrimination est quinquennale (alors que la contestation de la rupture ne peut se faire que pendant douze mois). Sa liberté d'action est donc limitée.

Je précise que la loi exclut toute exonération de l'indemnité de rupture conventionnelle homologuée du salarié « en droit de bénéficier d'une pension de retraite d'un régime légalement obligatoire », la rupture négociée n'ayant pas pour objet de contourner les règles relatives au départ à la retraite. Cela signifie qu'un salarié qui conclut une rupture conventionnelle homologuée à l'âge de la retraite se verra appliquer la fiscalité relative au départ en retraite.

22. Le dol, l'erreur, la violence, concepts plus complexes juridiquement que leur nom le laisse supposer.

Le coût de la RCH

Depuis le 1er septembre 2023, l'indemnité de rupture conventionnelle homologuée est soumise à une contribution de 30 % (contre un forfait social au taux de 20 % auparavant), à la charge de l'employeur, sur sa partie exonérée de cotisations de la Sécurité sociale. Cela signifie que la rupture conventionnelle homologuée de Firmin coûtera à son employeur 17 550 euros (13 500 + 30 %).

Il peut donc être intéressant de choisir un autre mode de rupture et de répartir entre les parties l'économie réalisée.

En raison de ce coût et de la privation de la moitié du préavis, je préfère écarter la rupture conventionnelle homologuée, sauf si l'employeur persiste à vouloir négocier sur cette base.

L'autre mode de rupture possible avec une négociation est le licenciement du salarié, pour cause réelle et sérieuse, ou même pour faute grave, suivi d'une transaction.

Le licenciement négocié

Personnellement, c'est le mode de rupture que je privilégie. Une transaction est un contrat entre l'employeur et le salarié qui définit les modalités de l'accord intervenu préalablement entre eux.

Elle ne peut intervenir qu'en cas de litige et répond à une chronologie précise : la notification du licenciement, la contestation du licenciement par le salarié et ensuite, et seulement ensuite, le règlement du litige par la transaction.

Évidemment, il n'est pas question d'accepter que le client se laisse licencier sans prendre des précautions. D'où l'importance absolue de passer par un avocat pour gérer ce type de négociation, car cela implique la confidentialité et le secret des correspondances.

Quand je leur propose d'être licenciés, les clients marquent généralement un mouvement de recul et de refus. Ils craignent de salir leur réputation. Ils trouvent injuste d'être licenciés alors même qu'ils s'estiment victimes de leur employeur. Mais ils finissent toujours par accepter quand je leur explique l'absence de risque pour eux.

Contrairement à un dossier médical, la façon dont la rupture s'est formellement déroulée n'a aucune incidence sur la suite de leur carrière. Il vaut mieux un licenciement convenu de façon constructive et apaisée entre les parties, qu'une rupture conventionnelle homologuée arrachée à l'employeur, lequel gardera au salarié une rancœur tenace et durable.

Bien entendu, les salariés bénéficient du droit au chômage après un licenciement pour cause réelle ou sérieuse ou faute grave (à l'exclusion de la faute lourde, mais exceptionnelle en pratique).

L'intérêt de ce type de rupture est d'obtenir plus et en aucune façon moins. Il est aussi possible dans certains cas de demander une lettre de recommandation à l'employeur. Si la négociation s'est déroulée dans de bonnes conditions, l'employeur n'a pas de raison de dénigrer le salarié dans sa recherche d'emploi.

C'est pourquoi, rassurés, mes clients acceptent.

Il existe d'autres types de rupture, mais qui se prêtent moins à une négociation.

Les autres modalités de rupture

Il m'est arrivé de négocier après un licenciement pour inaptitude, non sur le principe de la rupture puisqu'elle repose sur l'impossibilité médicalement démontrée du salarié de poursuivre son contrat de travail, mais sur les conditions d'exécution.

J'ai aussi négocié après un licenciement pour motif économique. Une entreprise américaine, fermant son site français, avait licencié l'intégralité des salariés français pour motif économique. L'un d'eux, qui se trouvait être un ancien client, me contacte et me demande de négocier. Ils avaient pourtant accepté d'être licenciés un mois auparavant, ce qui ne m'a pas empêchée de négocier pour les treize salariés sur le principe de la rupture.

Ainsi donc, tout n'est qu'une question de négociations, d'arguments et de niveau d'attentes respectives.

Le cas de la retraite

Si vous êtes en âge de prendre votre retraite, vous pouvez y être envoyé par votre employeur, c'est la « mise à la retraite », ou partir de vous-même, c'est le « départ à la retraite ».

Dans l'hypothèse de la mise à la retraite, le salarié peut prétendre (sauf convention collective plus favorable) :

- à une indemnité de mise à la retraite au moins égale à l'indemnité légale de licenciement ;
- à un préavis identique au préavis prévu en cas de licenciement ;
- à une indemnité compensatrice de congés payés.

Si le départ à la retraite est à l'initiative du salarié, les sommes suivantes doivent être envisagées (sauf convention collective plus favorable) :

- une indemnité de départ à la retraite soumise à cotisations de la Sécurité sociale, à CSG et à CRDS au moins égale à :
  - un demi-mois de salaire après 10 ans d'ancienneté,
  - un mois de salaire après 15 ans d'ancienneté,
  - un mois et demi de salaire après 20 ans d'ancienneté,
  - deux mois après 30 ans d'ancienneté,
- un préavis au moins égal au préavis prévu par le Code du travail en cas de licenciement ;
- une indemnité compensatrice de congés payés.

Là encore, une transaction peut être prévue pour accorder une indemnité extra-légale qui aura été préalablement négociée.

Les clauses importantes d'un protocole

Si vous avez choisi la voie d'une rupture conventionnelle homologuée, c'est un formulaire simple à compléter puisqu'il est prérempli et ne permet pas de rédaction libre, sauf à y annexer une convention contenant de plus amples détails.

Un protocole transactionnel peut être ajouté en cas d'indemnité extra-légale. Il est souvent utilisé en cas de licenciement. Il répond à un formalisme bien précis et doit impérativement succéder à la notification du licenciement, il ne peut intervenir avant. Il s'agit d'un cas de nullité relative, c'est-à-dire que seul le salarié peut solliciter la nullité relative et non l'employeur, car on suppose que ce dernier est en position de force et de connaissance juridique. Face à un salarié protégé, les deux parties peuvent en demander l'annulation.

L'exposé du litige

D'abord viennent l'identité des parties, puis l'exposé du litige.

Il ne peut y avoir de transaction sans litige. Il est important de formaliser le litige, tel qu'il existe ou amplifié, afin que la somme versée dans le cadre du protocole soit bien considérée comme une indemnité. Dans le cas contraire, le risque est la requalification par l'administration de l'indemnité transactionnelle en élément de salaire, ce qui constituerait une lourde sanction financière pour l'entreprise. Elle ne veut donc jamais courir ce risque.

Je reconnais qu'il est toujours déplaisant pour le salarié de lire des reproches écrits noir sur blanc, mais cela est nécessaire.

Vient ensuite la reconnaissance par le salarié du principe de la rupture. Cela signifie que l'accord intervenu entre les parties ne remet pas en cause la rupture, qui est donc définitive. Chacune des parties continue de camper sur ses positions, d'où la transaction pour solder le litige. Viennent ensuite les concessions réciproques.

En effet, pour qu'une transaction soit valable, elle doit être le fruit de concessions de chaque partie envers l'autre.

L'indemnité transactionnelle

L'une des clauses les plus importantes est celle contenant le montant de l'indemnité transactionnelle versée par la société en réparation des différents préjudices invoqués par le salarié.

Prenez le temps de vérifier que le montant y figurant est conforme à ce que vous avez convenu, à la fois dans sa rédaction en chiffres et aussi en lettres. Il peut parfois s'y glisser une coquille.

Il doit être précisé si cette somme est versée en brut ou en net et dans quel délai elle sera versée.

Soyez très vigilant à ce qu'une date ou un délai de paiement soit explicitement prévu et que ce soit dans un délai raisonnable par rapport à la signature du protocole.

L'inaction

En contrepartie du versement de cette indemnité, le salarié s'engage à ne pas poursuivre l'entreprise en justice, c'est la renonciation à toute instance et action, et à ne pas aider quiconque souhaitant le faire. En un mot, l'entreprise achète votre silence.

Le non-dénigrement

L'autre clause que je surveille particulièrement est la clause de non-dénigrement, c'est-à-dire celle par laquelle vous vous empêchez de critiquer l'autre partie. Indéfiniment.

Il arrive parfois que l'entreprise formalise le non-dénigrement à l'égard du salarié, mais qu'elle omette la réciprocité. Or, cette clause est très importante pour vous protéger pendant votre recherche d'emploi, lorsqu'un recruteur appellera l'entreprise pour prendre des références.

Soyez donc attentif à la rédaction et veillez à ce que la neutralité, à défaut de bienveillance, soit partagée.

La confidentialité

Enfin, un élément très important de la transaction, pour laquelle l'entreprise a accepté de payer pour le départ du salarié, est la confidentialité.

Il est demandé au salarié de taire qu'une négociation est intervenue et surtout le montant perçu à l'occasion de la rupture. Cela pour éviter l'effet de contagion, et que tous les salariés demandent à négocier leur départ.

Ces clauses démontrant les concessions réciproques sont nécessaires à la validité d'un protocole transactionnel. Elles ne doivent pas être dérisoires ni déséquilibrées. Par exemple si l'indemnité transactionnelle n'est supérieure que de 1 000 euros à l'indemnité légale, alors le juge peut la qualifier de dérisoire et annuler la transaction.

Le protocole transactionnel compte en moyenne entre huit à douze pages. Les usages confient sa rédaction à l'employeur ou à son avocat. Il est important. Lisez-le avec beaucoup de soin avant de le signer, car il a un caractère définitif et servira de base en cas de difficulté entre les parties au moment de l'exécution.

Assurez le suivi des engagements pris lors de la négociation

Une parole qui engage

Le protocole transactionnel est un contrat conclu entre les parties et à ce titre les engage. Elles sont tenues d'exécuter les termes du contrat qui les lient.

Si l'une des parties ne respecte pas ses engagements, par exemple en ne payant pas l'indemnité transactionnelle, la partie s'estimant lésée peut demander l'exécution forcée puisque la transaction a « autorité de la force jugée ». Cela signifie que la transaction s'apparente à un jugement rendu par une juridiction, devenu définitif, c'est-à-dire sans recours.

En effet, on considère que, s'agissant d'un contrat conclu valablement entre personnes majeures, il ne peut être remis en cause. La seule possibilité d'annuler la transaction est de démontrer que l'une des parties, plutôt que le salarié, ne disposait pas de capacité de discernement ou que son consentement a été vicié, ce qui s'avère très difficile en pratique.

Si la transaction est annulée, cela signifie qu'elle est réputée n'être jamais intervenue et les parties reviennent à leur situation initiale, le salarié devant restituer les sommes perçues.

Une parole neutre

Si l'une des parties dénigre l'autre, en contravention avec la clause transactionnelle de non-dénigrement, il faudrait d'abord parvenir à le prouver, ce qui n'est pas si évident. Ensuite, la meilleure solution est de régler cette difficulté amiablement entre avocats. Si, enfin le problème persistait, un recours judiciaire serait possible.

Une parole silencieuse

En cas de manquement du salarié à la clause de confidentialité, ou s'il témoigne contre l'entreprise, le protocole peut être annulé et le salarié devra restituer l'indemnité transactionnelle. Il pourra en outre être condamné à des dommages et intérêts. C'est donc un risque à éviter absolument.

En cas d'inexécution

L'employeur ou le salarié peut saisir le bureau de conciliation et d'orientation du conseil de prud'hommes afin d'homologuer la transaction et de lui conférer ainsi une force exécutoire.

En conséquence, si l'une des parties ne respecte pas ses engagements, l'autre partie pourra en demander l'exécution forcée auprès d'un huissier de justice, qui pourra procéder à une saisie sur les comptes bancaires de l'entreprise.

Soignez l'après-négociation

Une fois tous les détails finalisés et formalisés, il faut soigner la fin de la relation, car c'est ce qui restera le plus à l'esprit.

Si vous avez réussi une bonne négociation, mais qu'ensuite vous vous comportez mal, tous les efforts que vous aurez faits préalablement se retrouveront réduits à néant. C'est le biais de récence, par lequel on accorde plus d'importance aux informations récentes.

La transition

Soigner la transition dépend de ce que vous avez décidé avec votre employeur. Effectuez-vous un préavis ou non ? Une passation se déroule-t-elle avec votre successeur ? Peut-être même devez-vous recruter votre successeur et le former ?

Vous devez continuer à être aussi irréprochable que vous l'avez toujours été. Il n'est évidemment pas nécessaire de travailler quinze heures par jour. Soyez consciencieux sans en faire trop.

La fin de la relation

Préavis effectué ou non, il faut aussi soigner la fin de la relation. Cela vaut en interne en partant en bons termes avec tous et pourquoi pas, en organisant un pot de départ.

Soignez le discours que vous allez adopter sur votre départ tant en interne qu'en externe. Il est courant dans les négociations de cadres dirigeants de travailler tous ensemble l'annonce de départ auprès des salariés. C'est ce même discours qui sera ensuite transmis aux clients, fournisseurs et autres partenaires externes.

L'essentiel est de préserver l'image de chacune des parties. Critiquer n'apporte rien de constructif dans une relation, même lorsque celle-ci prend fin.

À cet égard, si dans le cadre d'un recrutement, vous êtes interrogé sur votre dernière expérience, ne critiquez jamais votre ancienne société ! Avec ou sans clause de non-dénigrement, cela en dira toujours plus sur vous que sur votre ex-entreprise.

Personne n'a envie de recruter quelqu'un qui mord la main de celui qui l'a nourri parce qu'on sait que, à terme, que c'est la nôtre qu'il mordra. Surtout, vous n'avez pas besoin de cela, puisque vous êtes tourné vers l'avenir, désormais libéré de ce lien qui vous pesait.

TÉMOIGNAGE

Le cas de Marc

Entre le moment de l'accord et la signature des documents formalisant l'accord, six mois ont été nécessaires pour tout mettre par écrit, car c'est à cette étape que des détails, qui peuvent potentiellement devenir des problèmes, émergent. Entre le premier rendez-vous et la signature, deux années se sont écoulées qui ont permis d'obtenir :

- le principe de la rupture négociée et non une démission comme l'entreprise l'avait initialement suggéré. Nous avons convenu d'une rupture conventionnelle homologuée avec une date de rupture différée de six mois ;
- le versement des indemnités légales ;
- le versement d'une indemnité transactionnelle, raisonnable, mais pas excessive, car nous avions fait le choix de concentrer nos efforts sur la poursuite des relations contractuelles ;
- un bonus en cas d'embauche de son successeur ;
- la prise en charge de mes honoraires.

L'ensemble de ces sommes représentait environ treize mois de salaire.

- Un départ en sifflet avec la réduction progressive du temps de travail pour permettre à Marc de se consacrer à ses projets (quatre jours, puis trois jours par semaine) ;

- un contrat de consulting à l'expiration du contrat de travail pour assurer une continuité des fonctions ;
- un droit d'investissement préférentiel du groupe dans les start-up que Marc va créer.

C'est ce dernier point qui nous semblait primordial puisque Marc s'assure ainsi de la présence d'un partenaire commercial avec une solide assise financière et dont le simple nom ouvre de nombreuses portes.

C'est aussi celui qui a demandé le plus de travail, car il a fallu rédiger un contrat en partant d'une feuille blanche. Cela n'avait jamais été fait au sein du groupe, qui est pourtant connu pour avoir une croissance intense depuis des années. Compte tenu des enjeux financiers pour l'une et l'autre partie, de la liberté d'action que voulait conserver Marc, chaque virgule a été débattue. Ce document a nécessité plus de trois mois de rédaction à lui seul et a fait l'objet de nombreuses révisions.

Mais surtout, nous sommes parvenus à ce que j'avais programmé lors de notre premier entretien : passer d'une relation verticale (patron-salarié) à des rapports horizontaux (entre partenaires).

Lors du rendez-vous de signature, les deux parties étaient contentes de leur accord, confiantes en l'avenir et en la suite de leurs relations personnelles et professionnelles.

À retenir : les points clés du chapitre

- **La rupture conventionnelle homologuée :** elle ne dispose pas de préavis, mais uniquement de délais la portant à cinq semaines. Elle offre une sécurité juridique ; une fois validée, elle ne peut être contestée, sauf en cas de procédure incorrecte ou de vice du consentement.
- **Le licenciement négocié :** il permet une négociation plus avantageuse pour les parties. L'intervention d'un avocat est nécessaire.
- **La validation et le suivi :** vérifiez que tous les termes et montants sont corrects et suivez l'exécution des engagements.
- **La gestion de la transition :** maintenez votre professionnalisme jusqu'au dernier jour, en gérant bien la période de préavis et votre sortie.
- **Le non-dénigrement et la confidentialité :** ils sont importants pour protéger votre réputation et éviter des problèmes légaux.

CHAPITRE 11

En cas d'urgence, si la négociation a échoué

Malheureusement, il peut arriver que l'entreprise refuse absolument toute négociation et que vous deviez partir, soit parce que vous avez retrouvé un nouvel emploi plus prometteur, soit pour sauver votre peau.

Voici quelques alternatives pour vous permettre de viser votre réalignement.

Maintenir le lien contractuel

Vous n'avez pas obtenu la rupture espérée, mais vous avez un projet en tête et vous voulez garder la sécurité de votre poste. Il existe plusieurs types de congés vous permettant d'avancer dans votre projet.

Le congé formation

Le projet de transition professionnelle (PTP) permet au salarié de s'absenter de son poste pour suivre une formation. Le temps passé en congé de formation est assimilé à du temps de travail, le salarié est donc rémunéré pendant toute la durée de la formation. Mais son salaire n'est pas maintenu.

Si le salaire moyen de référence (SR) du salarié est supérieur à 3 533,84 euros, sa rémunération pendant la durée du congé formation sera égale à :

- 90 % du SR pour la première année de formation ou pour les premières 1 200 heures de formation, lorsque la durée du PTP est supérieure à un an ou à 1 200 heures pour une formation fragmentée ou à temps partiel ;
- 60 % du SR pour les années suivantes ou à partir de la 1 201e heure.

Pendant ce congé, le salarié dispose des congés payés, de ses primes, et continue à bénéficier de toutes les prestations de la Sécurité sociale, telles que couverture maladie et accident du travail, notamment.

Pour en bénéficier, le salarié doit justifier d'une activité salariée d'au moins deux ans, dont un an dans la même entreprise.

Si la formation s'effectue en une fois à temps plein, le salarié doit formuler la demande au plus tard 120 jours avant le début de la formation. L'employeur a 30 jours pour répondre au salarié. En l'absence de réponse dans ce délai, l'autorisation est considérée comme accordée.

L'employeur peut différer la demande du salarié de neuf mois maximum. Ce report doit être motivé par des conséquences préjudiciables à la production et à la marche de l'entreprise, dues à l'absence du salarié.

Le congé sabbatique

Le congé sabbatique est un congé pour convenance personnelle d'une durée de six à onze mois, accordé au salarié bénéficiant d'une ancienneté d'au moins 36 mois dans l'entreprise.

Le salarié doit informer l'employeur de son souhait de prendre un congé sabbatique au moins trois mois avant la date de départ envisagée. L'employeur dispose alors d'un délai de 30 jours pour accepter, reporter la date du congé ou le lui refuser. Son silence vaut acceptation.

Pendant la durée du congé sabbatique, le contrat de travail est suspendu, le salarié n'est donc pas rémunéré, sauf dispositions conventionnelles plus favorables.

L'intérêt est que pendant le congé sabbatique, le salarié peut exercer une autre activité professionnelle, salariée ou non, à condition de respecter les obligations de loyauté et de non-concurrence vis-à-vis de son employeur.

Le congé ou temps partiel pour création ou reprise d'entreprise

En l'absence de convention collective ou d'accord plus favorable, la durée maximale de ce congé ne peut pas dépasser un an et est renouvelable une année supplémentaire. Pour en bénéficier, le salarié doit avoir 24 mois d'ancienneté.

Sa demande doit être adressée à l'employeur au moins deux mois avant la date de départ en congé envisagée. L'employeur informe le salarié soit de son accord sur la date de départ choisie par le salarié, soit du report de cette date, soit du refus de lui accorder le congé.

Le congé pour création ou reprise d'entreprise n'est pas rémunéré. Là encore, le salarié doit respecter les obligations de loyauté et de non-concurrence vis-à-vis de son employeur.

Rompre le lien contractuel

Si vous ne pouvez ou ne voulez plus rester dans l'entreprise, il reste d'autres options pour vous libérer du lien contractuel.

La démission

C'est la solution qui semble de facilité puisqu'elle permet de rompre le lien contractuel, tout en espérant ne pas faire de vagues. Mais elle a un coût et c'est la raison pour laquelle elle ne doit intervenir qu'en dernier ressort, en cas d'urgence.

En effet, vous vous privez du droit au chômage, sauf quelques rares exceptions, très encadrées, comme suivre son conjoint dans une autre région ou si votre démission est considérée comme légitime.

Un cas peu connu de chômage après une démission est celui intervenant dans le cadre d'un projet de reconversion professionnelle.

Si vous avez travaillé au moins 1 300 jours dans les 60 derniers mois, vous pouvez soumettre votre projet professionnel à une commission paritaire interprofessionnelle régionale. Si votre projet est validé, vous pouvez démissionner, car cela sera considéré comme légitime. Attention à ne pas démissionner avant la validation par France Travail sinon vous ne pourrez pas bénéficier de l'allocation chômage. Vous disposez ensuite de six mois pour vous inscrire comme demandeur d'emploi.

L'autre inconvénient de la démission est l'impossibilité de contester la rupture puisque la décision vous est donc totalement imputable. En outre, vous vous privez du bénéfice de l'indemnité de licenciement. C'est dommage, surtout si vous avez une ancienneté importante.

Vous êtes tenu d'effectuer votre préavis, dans son intégralité, sauf si votre employeur accepte de le réduire. Si vous démissionnez, de façon inattendue, et que votre service a besoin de vos compétences, ne soyez pas déçu si votre entreprise ne vous libère pas plus tôt. Chacun doit prendre ses dispositions, sans se mettre en situation de risque. Il est donc normal que l'entreprise puisse également avoir le temps de se retourner.

Si vous êtes contraint de démissionner, faites en sorte de ne pas le vivre de façon amère, cela entretiendrait un ressentiment qui vous empêcherait d'avancer.

La prise d'acte de la rupture

Si vous devez démissionner et que vous voulez vous ménager la possibilité de contester ensuite la rupture, vous pouvez faire une prise d'acte de la rupture.

Pour cela, dans votre lettre de rupture, vous devez préciser « prise d'acte » au lieu de « démission » et indiquer qu'elle intervient en raison des reproches que vous formulez à votre employeur et les lister. Il faut qu'il s'agisse de faits suffisamment graves, rendant le maintien du lien contractuel impossible. En gros, c'est comme si le licenciement était pour faute grave de l'employeur. Si on est cohérent, alors cela signifie que vous ne pouvez pas effectuer le préavis puisque le comportement de l'employeur est nuisible et empêche la poursuite des relations contractuelles.

Ensuite, il vous appartient de saisir le conseil de prud'hommes pour lui demander de juger que la rupture est due aux manquements graves de l'employeur.

Si, à la lumière des éléments que vous fournissez, le conseil de prud'hommes juge que la rupture n'est pas une démission, mais causée par l'employeur, alors il condamnera l'entreprise à vous verser l'indemnité compensatrice de préavis (puisque c'est son comportement qui vous a placé dans l'impossibilité de l'exécuter et vous a donc privé de la rémunération correspondante), l'indemnité de licenciement, ainsi que des dommages et intérêts pour rupture sans cause réelle et sérieuse, et la réparation des préjudices que vous invoquez. Cela peut valoir le coup, surtout que cela vous ouvre droit au chômage !

La difficulté majeure est le temps de mise en œuvre. En théorie, le délai pour avoir un jugement est censé être raccourci à un mois, mais en pratique, c'est quasiment aussi long qu'une procédure normale. Il ne faut donc pas compter sur la rapidité du jugement pour avoir vos droits au chômage et payer votre loyer !

La résiliation judiciaire

Sur la même base de reproches, sérieux et graves, que vous faites à votre employeur, vous demandez au conseil de prud'hommes de prononcer la rupture du contrat de travail et de condamner votre employeur à vous verser l'indemnité compensatrice de préavis, l'indemnité de licenciement, ainsi que des dommages et intérêts.

Néanmoins, compte tenu de la lenteur de la justice française, ce n'est pas une option souhaitable. À plus forte raison si vous êtes cadre en région parisienne, car les juridictions sont surchargées et les délais pour obtenir un jugement très longs.

Or, pendant tout le temps de la procédure, vous restez lié contractuellement à l'entreprise et ne pouvez donc être embauché ailleurs. Sauf à saisir le conseil de prud'hommes en demande de résiliation, pour commencer la procédure le plus vite possible et, si vous avez une proposition d'embauche en cours de procédure, procéder à une prise d'acte de la rupture et demander aux juges de se prononcer sur votre nouvelle demande au titre de la prise d'acte.

L'abandon de poste

Lorsqu'un salarié voulait partir rapidement, mais sans démissionner et avoir ses droits au chômage, il procédait à un abandon de poste. Il cessait de se présenter à son poste de travail, sans prévenir ni justifier son absence.

L'entreprise, constatant l'absence du salarié, lui envoyait une lettre de mise en demeure de reprendre son poste. Si le salarié continuait à être absent, alors l'entreprise finissait par le licencier pour faute grave constituée par l'abandon de poste. À l'issue de la procédure de licenciement, et sans préavis ni indemnité, le salarié recevait ses documents de rupture, qui lui permettaient de bénéficier du chômage.

Depuis le 19 avril 2023, le salarié qui abandonne volontairement son poste et ne reprend pas le travail après avoir été mis en demeure de justifier son absence et de reprendre son poste dans un certain délai, est présumé démissionnaire.

Même s'il y a eu de nombreuses difficultés d'interprétation et de mise en œuvre de cette présomption, je pense vraiment préférable d'exclure désormais cette modalité de rupture pour vous éviter un risque inutile.

TÉMOIGNAGE

Les cas de Ysé, Stéphanie, Laurence, Cécile et Marie

Ysé, 38 ans, est cadre marketing dans une entreprise de commercialisation de matériel médical depuis quatre ans lorsqu'elle est licenciée pour faute grave. Elle me saisit. Aucune négociation n'est possible. Nous allons devant le conseil de prud'hommes qui juge le licenciement sans cause réelle et sérieuse, et donc condamne l'employeur.

Ce n'est pas le sujet de notre chapitre, mais le contexte est utile.

Ysé me recommande à deux de ses anciennes collègues de la même entreprise, Stéphanie et Laurence.

Stéphanie est embauchée en 2007 en qualité de cadre commerciale et en juin 2016, elle prend acte de la rupture de son contrat de travail pour plusieurs motifs, dont le non-paiement de son salaire, tant au titre des minima conventionnels qu'au titre de la convention de forfait-jour invalide. Bien que la société ait reconnu ne pas avoir payé la salariée au niveau de salaire minimum prévu par la convention collective applicable, le conseil de prud'hommes et la cour d'appel ont jugé qu'il s'agissait d'une démission et non d'une prise d'acte. La salariée a néanmoins obtenu la nullité du forfait-jour et le paiement d'heures supplémentaires à hauteur de 45 000 euros.

Laurence est embauchée en 2010, au même poste que Stéphanie, et en juin 2016 prend acte de la rupture de son contrat de travail pour les mêmes motifs. Mêmes causes, mêmes effets, le jugement rendu le même jour est identique à celui de Stéphanie, à ceci près qu'elle obtient environ 50 000 euros au titre d'heures supplémentaires.

Ces deux cas démontrent qu'il existe un risque à ne pas obtenir la requalification de la démission en prise d'acte.

Il faut préciser que ces salariées avaient privilégié la sécurité à la stratégie, préférant attendre de recevoir une proposition ferme d'embauche avant de démissionner. Résultat, il n'y a pas eu d'attente entre la rupture et leur nouvelle embauche, laissant supposer qu'elles avaient quitté leur emploi pour un meilleur et non en raison du comportement fautif de leur employeur. Cela a joué contre nous. Je les avais informées préalablement et elles ont choisi la sécurité, de façon éclairée. Elles sont contentes du résultat et me recommandent à leur tour à deux anciennes collègues, Cécile et Marie, qui exercent les mêmes fonctions qu'elles au sein de l'entreprise.

Cécile a été embauchée en 2008. En janvier 2019, elle est placée en arrêt maladie. En avril, nous saisissons le conseil de prud'hommes pour demander la résiliation du contrat de travail en raison d'une forte dégradation de ses conditions de travail, consistant en une pression commerciale exagérée malgré son investissement plein et entier, même pendant deux cancers successifs. Nous démontrons également la mauvaise foi de l'entreprise à transmettre aux organismes maladie les arrêts de travail de la salariée, la pénalisant financièrement. Elle demande enfin le paiement d'heures supplémentaires en raison de la nullité de son forfait-jour, ainsi qu'une indemnité pour le stockage de matériel professionnel à son domicile. Le conseil de prud'hommes a validé nos demandes en janvier 2020. La société a fait appel de ce jugement. Mal lui en a pris, car les condamnations ont été alourdies par la cour d'appel en novembre 2022.

Marie a été embauchée en 2005. Grande professionnelle, elle a toujours été récompensée pour ses excellents résultats. À l'arrivée du même supérieur que Stéphanie, elle subit une pression commerciale excessive. Elle est convoquée à une réunion au cours de laquelle elle est moquée et humiliée, ses performances sont remises en cause. Marie vit très mal ce moment, mais elle s'accroche jusqu'à ce qu'elle soit de nouveau convoquée à ce même genre de réunion en septembre 2018. Elle ne sait pas comment éviter de s'y rendre, alors elle choisit de fuir, définitivement. Elle commet une tentative de suicide. Son fils la découvre et la sauve.

Encouragée par Stéphanie, elle vient me voir et je saisis, en même temps que pour sa collègue, le conseil de prud'hommes en demande de résiliation, que j'obtiens également.
Forte de mes trois premières victoires sur le forfait-jour, j'avais bien tenté de négocier avec l'avocat de l'entreprise, qui était pourtant le même, mais sans succès. J'avais donc dû me résoudre à aller devant les juges.
Les plaidoiries étaient intenses. Elles l'ont été particulièrement devant la cour d'appel quand j'ai expliqué les conséquences du management toxique de la société pour Marie. Entre-temps, son fils, qui l'avait découverte et sauvée, s'était lui-même donné la mort. La victoire était très émouvante, pour moi, vis-à-vis de ces deux survivantes. Aujourd'hui, Marie s'est reconvertie dans le soin à la petite enfance où elle tente de se reconstruire.

À retenir : les points clés du chapitre

- **Maintien du lien contractuel** : congé formation, congé sabbatique ou congé pour création ou reprise d'entreprise.
- **Rupture du lien contractuel** :
  - démission : rapide, mais sans droits au chômage ni indemnité de licenciement,
  - prise d'acte : rupture pour faute grave de l'employeur, avec possibilité de droits au chômage et indemnités si validée par un juge,
  - résiliation judiciaire : procédure longue demandant au juge de rompre le contrat pour faute de l'employeur,
  - abandon de poste : risqué depuis 2023, souvent traité comme une démission implicite.

CONCLUSION

J'espère que vous avez pris autant de plaisir à lire ce livre que moi à l'écrire. J'y ai partagé tout ce que je sais, mais aussi un peu de ce que je suis, sérieuse, avec une pointe d'humour.

J'espère aussi vous avoir transmis ma passion pour mon métier, qui m'apporte tant de gratifications et, oui, de bonheur, au quotidien.

J'espère surtout que la lecture de ce livre vous a apporté de nombreuses informations pour vous et sur vous, afin de vous permettre d'avancer vers votre alignement et votre épanouissement.

Partage, transmission, pédagogie sont justement les mots fondateurs de ma méthode, avec bien sûr l'écoute.

Depuis de nombreuses années, je me regarde, non comme une avocate, mais comme une passeuse, qui aide ses clients à traverser un fleuve, en allant d'une rive à l'autre.

Ce livre est fini et j'espère qu'il ouvre un nouveau chapitre dans votre vie, qu'il vous a permis ou vous permettra de changer de rive. Et que cet apprentissage vous donnera envie de partager à votre tour, de faire circuler le positif.

Souvenez-vous, la rupture n'est pas une finalité, mais le commencement d'un nouveau cycle dans le continuum de votre carrière.

> *« Chaque fin est le début de quelque chose de nouveau. » (Proverbe hindou)*

Que ce soit ce livre ou votre job qui s'achève, un nouvel opus s'ouvre à vous, qui vous place chaque jour davantage sur votre chemin.

Quel qu'il soit. Loin des injonctions à être heureux ou à devenir la meilleure version de vous-même, vivez votre vie, comme cela vous chante. On n'a qu'une seule vie, qu'elle soit professionnelle ou personnelle. Ou plutôt, comme l'a dit Confucius :

> *« L'homme a deux vies. La seconde commence le jour où il se rend compte qu'il n'en a qu'une. »*

Alors, vivez votre vie comme bon vous semble.

« YOLO[23] » !

---

23. Acronyme de l'expression anglaise *You Only Live Once*, qui se traduit par « On ne vit qu'une fois ».

ANNEXES

Autodiagnostic de burn-out

- Suis-je constamment fatigué, même après avoir eu suffisamment de repos ?
- Ai-je perdu l'intérêt pour les activités que j'aimais auparavant, y compris celles en dehors du travail ?
- Est-ce que je me sens très stressé ou anxieux à propos du travail ?
- Ai-je du mal à me concentrer ou à prendre des décisions, même sur des tâches simples ?
- Est-ce que je me sens cynique ou détaché par rapport à mon travail et mes collègues ?
- Ai-je remarqué des changements dans mon comportement, comme devenir plus irritable ou avoir des sautes d'humeur fréquentes ?
- Est-ce que je souffre de troubles du sommeil, tels l'insomnie ou des réveils fréquents ?
- Ai-je des dysfonctionnements physiques fréquents, comme des maux de tête, des douleurs musculaires ou des problèmes gastro-intestinaux ?
- Est-ce que je me sens submergé par mes responsabilités professionnelles ?
- Ai-je tendance à éviter les interactions sociales ou à me retirer de mes relations personnelles ?

- Est-ce que je remets en question mes compétences ou ma valeur en tant que professionnel ? Mon auto-estime en est-elle altérée ?
- Ai-je pris plus de congés maladie récemment ou suis-je souvent absent du travail?
- Est-ce que je ressens un sentiment d'impuissance face à ma situation professionnelle ?
- Ai-je recours à des comportements d'évitement ou à des substances pour faire face au stress ?

Si vous répondez positivement à plusieurs de ces questions, il est recommandé de consulter un professionnel de la santé mentale pour un soutien approprié.

Identifiez l'origine de votre burn-out

Identifier l'origine de votre burn-out peut vous aider à comprendre les facteurs sous-jacents qui contribuent à votre état actuel et à identifier des pistes d'amélioration.

- Charge de travail : est-ce que ma charge de travail me semble excessive ou difficile à gérer ?
- Pression professionnelle : est-ce que je ressens une pression constante pour parvenir à des objectifs ou à des résultats que j'ai du mal à atteindre ?
- Relations professionnelles : est-ce que mes relations avec mes collègues ou mes supérieurs sont tendues ou conflictuelles ?
- Équilibre travail-vie personnelle : est-ce que je parviens à maintenir un équilibre sain entre mon travail et ma vie personnelle ?
- Manque de soutien : est-ce que je me sens soutenu par mes supérieurs ou mes collègues dans mon environnement professionnel ? Ou dans ma vie privée ?
- Alignement des valeurs : est-ce que mon travail est aligné avec mes valeurs personnelles et mes objectifs de vie ?
- Reconnaissance et récompense : est-ce que je me sens reconnu et récompensé pour mes contributions au travail ?
- Autonomie : est-ce que j'ai suffisamment d'autonomie et de contrôle sur mon travail ?
- Environnement de travail : est-ce que mon environnement de travail est sain et favorable à ma santé mentale ?
- Changements organisationnels : est-ce que des changements organisationnels récents ont contribué à mon niveau de stress ou de frustration ?
- Tâches monotones ou répétitives : est-ce que mes tâches sont monotones ou répétitives, ce qui peut contribuer à l'ennui et au désengagement ?

- Manque de ressources : est-ce que je dispose des ressources nécessaires pour accomplir efficacement mon travail ?
- Satisfaction professionnelle : est-ce que je suis satisfait de ma carrière professionnelle et de mes perspectives ?

Pistes de réflexion pour améliorer votre situation actuelle

- Satisfaction professionnelle : suis-je satisfait de ma carrière actuelle et de mon travail quotidien ?
- Intérêts et passions : quels sont mes véritables intérêts, passions et compétences ?
- Besoins professionnels : quels sont mes besoins professionnels en termes de développement personnel, de reconnaissance et de satisfaction ?
- Opportunités de croissance : est-ce que mon emploi actuel offre des opportunités d'avancement et de développement professionnel ?
- Risque et stabilité : suis-je prêt à prendre le risque associé à un changement de carrière ? Ai-je besoin de stabilité financière et professionnelle ?
- Réalisation personnelle : est-ce que je ressens un sentiment de réalisation personnelle dans mon travail actuel ?
- Qualité de vie : un changement de carrière contribuerait-il à améliorer ma qualité de vie globale ?
- Compétences transférables : ai-je des compétences transférables qui pourraient être appliquées dans d'autres domaines professionnels ?
- Opportunités sur le marché du travail : y a-t-il des opportunités prometteuses dans d'autres secteurs ou industries qui correspondent à mes intérêts et compétences ?
- Formation et développement : suis-je prêt à suivre une formation supplémentaire ou à acquérir de nouvelles compétences pour réussir dans un nouveau domaine ?

- Réseau professionnel : ai-je un réseau qui pourrait m'aider dans ma transition ?
- Passion et motivation : suis-je passionné et motivé par l'idée de changer de carrière ? Est-ce que cela m'excite et me donne de l'énergie?
- Être à l'écoute de ses rêves : si j'avais une baguette magique, et aucune contrainte économique, quelle serait mon activité de rêve ? Comment adapter cette activité de rêve à mes besoins financiers ?

Rencontrez et discutez avec un maximum de personnes, vous en tirerez à coup sûr de nombreux bénéfices.

Les biais cognitifs

Les biais cognitifs sont des tendances systématiques et prévisibles à penser de manière irrationnelle ou à prendre des décisions biaisées en raison de limitations dans la façon dont notre cerveau traite l'information. Voici une liste de quelques-uns des biais cognitifs les plus courants, avec une brève description de chacun.

1. **Le biais de confirmation :** ce biais apparaît lorsque nous avons tendance à rechercher, à interpréter et à privilégier les informations qui confirment nos croyances ou nos hypothèses préexistantes, tout en ignorant ou en minimisant les informations qui les contredisent.
2. **Le biais de disponibilité :** ce biais apparaît lorsque nous avons tendance à accorder plus de poids aux informations qui sont facilement accessibles dans notre mémoire, qu'elles soient récentes, fréquemment répétées ou émotionnellement marquantes. Cela peut nous amener à surestimer la probabilité ou l'importance d'événements qui nous viennent facilement à l'esprit.
3. **Le biais de représentativité :** ce biais apparaît lorsque nous avons tendance à juger la probabilité d'un événement en fonction de sa ressemblance avec des prototypes ou des modèles mentaux, plutôt que sur la base de données statistiques objectives. Cela peut nous conduire à tirer des conclusions erronées en nous fiant à des stéréotypes ou à des généralisations inappropriées.
4. **Le biais d'ancrage :** ce biais apparaît lorsque nous avons tendance à accorder trop d'importance à la première information que nous recevons (l'« ancrage »), même si cette information est arbitraire ou peu pertinente. Cela peut influencer nos jugements ultérieurs et nous amener à sous-estimer ou à surestimer des valeurs ou des probabilités.

5. **Le biais de surconfiance :** ce biais apparaît lorsque nous avons tendance à surestimer nos propres capacités, connaissances ou compétences, et à sous-estimer les risques ou les incertitudes associés à nos décisions. Cela peut nous conduire à prendre des risques excessifs ou à ignorer les avertissements et les conseils des autres.
6. **Le biais de récence :** ce biais apparaît lorsque nous avons tendance à accorder plus d'importance aux informations récentes qu'aux informations plus anciennes, en supposant que les événements récents sont plus représentatifs ou plus pertinents pour l'avenir.
7. **Le biais d'attribution :** ce biais apparaît lorsque nous avons tendance à attribuer les succès à nos propres compétences ou efforts, tandis que nous attribuons les échecs à des facteurs externes ou à la chance. Cela peut affecter notre estime de soi et notre perception des autres.
8. **Le biais de normalité :** ce biais apparaît lorsque nous avons tendance à considérer ce qui est commun ou normal dans notre environnement comme étant également ce qui est souhaitable ou approprié. Cela peut nous pousser à conformer nos comportements et nos attitudes à ceux des autres, même si cela va à l'encontre de nos propres valeurs ou intérêts.

Ces biais cognitifs peuvent affecter la façon dont nous percevons, traitons et interprétons l'information, et affecter significativement nos décisions et nos comportements. Il est important de les reconnaître et de prendre des mesures pour les atténuer afin de minimiser les erreurs de jugement et les prises de décision irrationnelles.

Le barème Macron

Il est appliqué par les juges dans les cas de licenciements reconnus sans cause réelle et sérieuse.

Pour les entreprises ayant plus de 11 salariés

Ancienneté du salarié dans l'entreprise (en années complètes)	Indemnité minimale (en mois de salaire brut)	Indemnité maximale (en mois de salaire brut)
0	Sans objet	1
1	1	2
2	3	3,5
3	3	4
4	3	5
5	3	6
6	3	7
7	3	8
8	3	8
9	3	9
10	3	10
11	3	10,5
12	3	11
13	3	11,5
14	3	12
15	3	13
16	3	13,5

Ancienneté du salarié dans l'entreprise (en années complètes)	Indemnité minimale (en mois de salaire brut)	Indemnité maximale (en mois de salaire brut)
17	3	14
18	3	14,5
19	3	15
20	3	15,5
21	3	16
22	3	16,5
23	3	17
24	3	17,5
25	3	18
26	3	18,5
27	3	19
28	3	19,5
29	3	20
30 et au-delà	3	20

Pour les entreprises ayant moins de 11 salariés

Ancienneté du salarié dans l'entreprise (en années complètes)	Indemnité minimale (en mois de salaire brut)
0	Sans objet
1	0,5
2	0,5
3	1
4	1
5	1,5
6	1,5
7	2
8	2
9	2,5
10	2,5

Le barème de l'indemnité forfaitaire de conciliation en bureau de conciliation et d'orientation (BCO)

Ancienneté du salarié	Montant de l'indemnité
Inférieure à 1 an	2 mois de salaire
Entre 1 et moins de 8 ans	3 mois de salaire pour 1 an, auxquels s'ajoute 1 mois supplémentaire par année d'ancienneté
Entre 8 et moins de 12 ans	10 mois de salaire
Entre 12 et moins de 15 ans	12 mois de salaire
Entre 15 et moins de 19 ans	14 mois de salaire
Entre 19 et moins de 23 ans	16 mois de salaire
Entre 23 et moins de 26 ans	18 mois de salaire
Entre 26 et moins de 30 ans	20 mois de salaire
30 ans ou plus	24 mois de salaire

Tableau comparatif des BSPCE et BSA

Les éléments essentiels de chaque type de bons en un clin d'œil

Caractéristiques	BSPCE	BSA
Sécurité juridique	Oui (art. 163 bis G du CGI)	Pas vraiment (art. L. 228-98 à L. 228-106 du Code de commerce)
Prix de souscription	Gratuites	Payantes 15 % ou 20 % de la valeur réelle de l'action[24]
Cessibilité	Non Le bénéficiaire doit exercer ses bons et les convertir en actions, pour ensuite les céder, sauf clause contraire.	Oui Librement cessibles dès leur émission, sauf clause contraire.

24. Le Conseil d'État juge qu'un BSA attribué à un tarif préférentiel confère un avantage au bénéficiaire, dirigeant ou salarié. Cet avantage, lorsqu'il est octroyé au salarié en raison des fonctions qu'il occupe dans l'entreprise, constitue un complément de salaire. Il est donc imposable l'année de souscription, comme des « traitements et salaires ».

Caracté-ristiques	BSPCE	BSA
Prix d'exercice	Fixé lors de la décision d'attribution des bons. Si la société a procédé dans les six mois à une levée de fonds, le prix d'exercice sera celui des actions émises lors de cette levée. Une décote pourra être appliquée : – s'il y a une perte de valeur économique du titre depuis cette émission ; – ou si les droits des titres qui résultent de l'exercice des bons ne sont pas au moins équivalents à ceux des titres émis lors d'une telle augmentation de capital.	Fixé lors de la décision d'attribution des bons.

Caractéristiques	BSPCE	BSA
Traitement fiscal en cas de cession	Si l'ancienneté est inférieure à trois ans, les plus-values sont imposées au taux fixe de 30 % (régime des plus-values de valeurs mobilières, sans aucun abattement). Si l'ancienneté est supérieure à trois ans, les plus-values sont soumises au prélèvement forfaitaire unique de 12,8 %[25]. Les collaborateurs peuvent également opter pour l'imposition au barème progressif de l'impôt sur le revenu[26]. Dans les deux cas, le gain est également soumis aux prélèvements sociaux sur les revenus du patrimoine au taux de 17,2 %, sans aucun abattement.	Le gain net est soumis à l'impôt sur le revenu, au choix du bénéficiaire : – selon un barème progressif de l'impôt dans la catégorie des traitements et des salaires (ou des BNC) ; – ou au prélèvement forfaitaire unique de 30 % (incluant 17,2 % de prélèvements sociaux)[27].

25. Pour des bons attribués avant le 1er janvier 2018, ce taux est de 19 %.
26. Il existe un abattement de 500 000 € pour les dirigeants qui partent à la retraite.
27. Il existe un risque que les gains issus de la cession de BSA soient imposés dans la catégorie des « traitements et salaires » lorsque, compte tenu des conditions de la cession, ces gains sont la contrepartie des fonctions de salarié ou de dirigeant.

Modèle de prise d'acte de la rupture

Firmin Atrouvé-Savoy

7, chemin du Paradis

13 460 Saintes-Maries-de-la-Mer

Société Plusenfase

DRH

5, impasse de l'Enfer

46 201 Montcuq

Par lettre recommandée avec accusé de réception

Le 2 janvier XXXX

Objet : Prise d'acte de la rupture

Madame ou Monsieur,

Depuis mon embauche le 28 février XXXX, j'occupe les fonctions de Chief Happiness Officer.

Néanmoins, à compter de l'arrivée de Monsieur Sam Tan, mes conditions de travail se sont fortement dégradées.

Je subis en effet une mise à l'écart, n'étant plus convié aux réunions du comité de direction.

En outre, mon périmètre d'intervention et de responsabilités a été fortement réduit. Mon portefeuille de clients a ainsi subi une diminution de l'ordre de 50 % et mes responsabilités managériales de 30 %.

Mes nombreuses tentatives pour parvenir à exercer correctement et sereinement mes missions ayant échoué, je suis contraint de prendre acte de la rupture du contrat de travail.

La difficulté de ma situation rend impossible l'exécution de mon préavis.

La rupture du contrat de travail prendra donc effet le jour de la réception de ce courrier recommandé.

Je vous remercie de bien vouloir m'adresser par voie postale les documents de fin de contrat.

Vous souhaitant bonne réception de la présente,

Je vous prie d'agréer, Madame ou Monsieur, l'expression de mes sentiments distingués.

Firmin Atrouvé-Savoy

Tableau comparatif des ruptures

	Démission	Prise d'acte	RCH
Préavis	Oui	Non et oui[28]	Non
Indemnité de licenciement	Non	Oui si reconnue	Oui
Chômage	Oui	Oui si reconnue	Oui
Négociation sur exécution	Oui	Oui	Oui
Négociation sur rupture	Non (si pas équivoque)	Oui	Non

	Licenciement faute grave	Licenciement cause réelle et sérieuse	Licenciement inaptitude
Préavis	Non	Oui	Non
Indemnité de licenciement	Non	Oui	Oui
Chômage	Oui	Oui	Oui
Négociation sur exécution	Oui	Oui	Oui
Négociation sur rupture	Oui	Oui	Difficile

28. Non, car le comportement de l'employeur rend la poursuite du travail par le salarié impossible pendant la durée du préavis, mais si la prise d'acte est reconnue par la juridiction, alors l'employeur doit verser une indemnité compensatrice de préavis.

MIXTE
Papier | Pour une gestion forestière responsable
FSC® C007507
www.fsc.org

Dépôt légal : janvier 2025
Achevé d'imprimer en janvier 2025
Imprimé en Espagne par GraphyCems